D1926744

Für alle Menschen, die in Einklang mit sich selbst kommen möchten.

Petra Altmann

P. Anselm Grün

IMPRESSUM
© 2007 GRÄFE UND UNZER VERLAG GMBH, München
Alle Rechte vorbehalten.
ISBN: 978-3-8338-0537-0

Die im Buch veröffentlichten Ratschläge wurden mit größter Sorgfalt erarbeitet und geprüft. Eine Garantie kann jedoch nicht übernommen werden. Ebenso wird eine Haftung für Personen-, Sach- oder Vermögensschäden ausgeschlossen.

1. Auflage 2007
Druck und Bindung: sachsendruck GmbH, Plauen
www.graefeundunzer-verlag.de

Layout und Umschlaggestaltung:
independent Medien-Design, München, Luitgard Schüller,
unter Verwendung des Motivs von ullstein – Imagebroker.net
Fotos: Erol Gurian, München

GRÄFE UND UNZER
100 JAHRE GANSKE VERLAGSGRUPPE

Ein Unternehmen der
GANSKE VERLAGSGRUPPE

ANSELM GRÜN
PETRA ALTMANN

klarheit, ordnung, stille

Was wir vom Leben im Kloster lernen können

Inhalt

Dieses Buch ist ein Dialog zwischen den beiden Autoren. Deshalb äußern sie sich zu denselben Themen, und daher wiederholen sich weitgehend die Kapitelüberschriften.

Anselm Grün | *Petra Altmann*

Das Miteinander

Den Körper achten

Leib und Seele Gutes tun

Anhang

Vorwort

Das Leben der Ordensleute – ist dies eigentlich eine ganz eigene Welt? Abgeschottet von allem, was außerhalb der Klostermauern passiert? Wissen die Nonnen und Mönche, was uns berührt? Und können wir uns das Miteinander in den Klöstern vorstellen?

Kloster – das ist für viele Menschen noch etwas Mystisches. Von dem man gewisse Vorstellungen hat, mit dem man aber keine konkreten Erfahrungen verbindet. Ein Ort der Stille und Abgeschiedenheit.

In den letzten Jahren hat so manches Kloster seine Pforten geöffnet für Gäste. Dabei hat man die Chance, mit Ordensmitgliedern in Kontakt zu kommen, aber tiefere Einblicke in das monastische Leben sind eher selten.

Wir haben uns ausgetauscht, der Benediktinerpater Anselm Grün und die Journalistin Petra Altmann. Im Dialog haben wir die Erfahrung gemacht: Es gibt viele Berührungspunkte.

Ordensleute wissen durchaus, was Menschen außerhalb der Klostermauern bewegt. In vielen Fällen haben sie sogar vergleichbare Probleme – im Zusammenleben, bei der Arbeit, bei der Organisation des täglichen Lebens. Das wird auch in den ganz persönlichen Gesprächen mit Benediktinern aus Münsterschwarzach und Zisterzienserinnen aus dem Kloster Waldsassen deutlich.

Klar wird auch, dass man von den jahrhundertealten Ordensregeln profitieren kann, und zwar nicht nur dann, wenn man die Ewigen Gelübde abgelegt hat.

Die Struktur des Tages, der Rhythmus zwischen Arbeit und Gebet, zwischen Aktion und Kontemplation, zwischen Miteinander und Rückzug, wie er im Kloster herrscht, ist etwas absolut Zeitgemäßes.

Nicht alles ist eins zu eins übertragbar, aber viele Regeln und klösterliche Lebenserfahrungen sind hilfreich, um das zu erreichen, was im Grunde alle Menschen anstreben – im Einklang mit sich selbst zu sein.

Pater Dr. Anselm Grün OSB
Dr. Petra Altmann

Der Rhythmus des Lebens

Den Tag und den Ablauf des Jahres nach einem festgelegten Rhythmus zu gestalten, gibt den Menschen Sicherheit und Zuverlässigkeit. Dies kann man aus der monastischen Lebensform lernen.

Der Jahreslauf

Das Jahr der Mönche ist in den Rhythmus des Kirchenjahres eingebunden, in dem die wichtigsten Ereignisse aus dem Leben Jesu gefeiert werden: seine Geburt, sein Leben und sein Wirken, sein Tod und seine Auferstehung. Die zentralen Kirchenfeste beruhen auf dem Lukasevangelium. Im Laufe eines Jahres – Lukas versteht es als Heilsjahr – hat Jesus den Menschen die wichtigsten Botschaften verkündet, hat Kranke geheilt und Entmutigte getröstet. Deshalb ist er der Anführer zum Leben oder der Anleiter zu gelingendem Leben, wie man die griechischen Worte »archegos tes zoes« auch übersetzen kann. Und deshalb feiern wir in der Liturgie die Erinnerung an seine Geschichte.

Gleichzeitig feiern wir aber auch unsere eigene Heilung, die uns die vielen biblischen Bilder deutlich machen. Etwa wenn wir davon hören, dass Jesus die gekrümmte Frau aufgerichtet und ihr neuen Mut zum Leben geschenkt hat. Und wir feiern in der Liturgie unsere unantastbare Würde, die uns keiner nehmen kann, selbst wenn er uns noch so sehr verletzt hat. Jesus ist gleichsam der Therapeut, der mit uns unsere eigene Lebensgeschichte durcharbeitet, indem er sie mit seiner heilenden und befreienden Geschichte konfrontiert.

Für die alten Griechen ist das Schauspiel ein therapeutisches Geschehen. Im Schauspiel – so sagt der griechische Philosoph Aristoteles – geschieht Katharsis, die Reinigung der Emotionen. Katharsis war auch für Sigmund Freud, den Begründer der Psychoanalyse, das Ziel der Therapie. Indem wir unser Leben im Licht der Geschichte Jesu anschauen, erkennen wir den tieferen Sinn unseres Lebens. Und indem wir unsere Verletzungen im Licht der Heilungsgeschichten sehen, können wir Heilung erfahren.

In der Geschichte Jesu begegnen wir wichtigen Aspekten des eigenen Lebens: unserem Erfolg und Misserfolg, unserer Einsamkeit und Verzweiflung, unseren Krankheiten und Gefährdungen, aber auch den Möglichkeiten, die in unserer Seele bereitliegen. Vor allem aber begegnen wir auch dem Phänomen des Leidens

Seite 8/9: Die barocke Anlage der Zisterzienserinnenabtei Waldsassen (links) und die imposanten vier Türme der Abteikirche Münsterschwarzach (rechts).

Pater Anselm im Gespräch.

und des Sterbens, das wir am liebsten verdrängen möchten. Indem wir es im heiligen Schauspiel darstellen, werden wir von unserer Angst vor Krankheit, vor dem Scheitern und vor dem Tod geheilt.

Die Feste des Kirchenjahres greifen außer der Geschichte Jesu auch Naturfeste aus vorchristlicher Zeit auf und deuten sie auf neue Weise. Wichtige Ereignisse aus dem Leben Jesu werden mit kosmischen Festen verbunden. So wird beispielsweise Weihnachten am Fest des »sol invictus«, des unbesiegbaren Sonnengottes, gefeiert. Mit Christus geht die wahre Sonne auf, die nicht mehr untergehen kann. Und Ostern ist ursprünglich ein Frühlingsfest, an dem der Sieg des Lebens über die Erstarrung des Winters gefeiert wird.

Sich auf den Rhythmus des Kirchenjahres einzulassen tut auch der Seele gut. Denn er bringt auch sie in einen gesunden Rhythmus.

Mariä Verkündigung (Seite 204) verdrängt das römische Fest der Aussaat. Gott selbst hat seinen göttlichen Samen in Maria ausgesät und sät auch in uns seinen Samen aus, damit göttliches Leben in uns zur Blüte kommt. Damit hat er der Aussaat der Bauern eine neue Bedeutung verliehen. Pfingsten (Seite 205) war im Judentum das Fest der Erstlingsfrüchte von der Weizenernte. Die frühe Kirche hat das Osterfest bis Pfingsten ausgedehnt, denn die Sendung des hl. Geistes wurde als Frucht des Ostergeheimnisses verstanden.

C. G. Jung, der Schweizer Psychologe, nennt das Kirchenjahr ein therapeutisches System. Die Feste beziehen sich auf archetypische Bilder, die in der Seele des Menschen bereitliegen. Archetypische Bilder bringen etwas in unserer Seele in Bewegung. Sie zentrieren die Seele auf ihren Mittelpunkt, auf das wahre Selbst, in dem wir ganz bei uns und deshalb authentisch sind. Da kommen wir mit dem ursprünglichen Bild in uns, mit unserem wahren Wesen, in Berührung. So tut es Leib und Seele gut, sich auf den Rhythmus des Kirchenjahres einzulassen. Er bringt unsere Seele in einen gesunden Rhythmus.

Es tut uns gut, wenn wir im Advent mit unserer Sehnsucht in Berührung kommen. Das vermag unsere Süchte zu heilen. Es tut uns gut, wenn wir an Weihnachten in uns hineinsehen und in der Stille Gott in uns entdecken. Weihnachten ist das Fest des neuen Anfangs. Wir sind nicht festgelegt durch die Vergangenheit. Gott wird in uns geboren, um uns von innen zu erneuern.

Es ist heilsam, sich in der Fastenzeit zurückzunehmen, Leib und Seele zu entschlacken, um sich für das neue Leben an Ostern vorzubereiten. Die Fastenzeit ist die Zeit körperlicher und seelischer Reinigung. Und sie ist eine Trainingszeit, in der wir uns im Freisein von Abhängigkeiten und Bedürfnissen üben. Die Osterzeit will das Leben, das in der Auferstehung Jesu über den Tod gesiegt hat, in uns immer mehr zur Blüte bringen, damit alle Bereiche unseres Leibes und unserer Seele alle Erstarrung hinter sich lassen und lebendig werden.

Und Pfingsten ist das Fest, an dem das Leben Jesu durch den hl. Geist in uns zur vollen Blüte heranreift, sodass wir selbst zu Menschen des Geistes werden, zu einer Quelle des Segens für andere.

Im lichtdurchfluteten Kreuzgang von Waldsassen
befindet sich ein kleiner Brunnen, dessen Wasser unablässig fließt.

Wie man den Rhythmus der Natur für sich nutzen kann

Wer im Rhythmus des Kirchenjahres lebt, lebt zugleich im Rhythmus der Natur. Für ihn wird das Werden und das Vergehen der Natur zum Symbol des eigenen Lebens. Auch in uns will Neues erblühen. Wir erleben immer wieder die Fülle des Lebens in uns, wie sie uns der Sommer vor Augen führt. Die Kirche hat den Frühling mit Ostern, der Auferstehung, verbunden. Nach der Erstarrung des Winters siegt auch in uns das Leben über den Tod.

Außerdem verbindet die Kirche die Jahreszeiten immer auch mit Maria. Sicher werden alte Sehnsüchte, die frühere Kulturen mit Muttergottheiten in Zusammenhang gebracht haben, aufgegriffen. So ist der ganze Monat Mai Maria geweiht, die uns im Spiegel der Schöpfung auf die eigene Schönheit hinweist.

Zu Beginn des Sommers feiert die Kirche Mariä Heimsuchung (Seite 204). In der Begegnung der beiden schwangeren Frauen Maria und Elisabeth erkennen wir das neue Leben, das sich auch in uns regt, so wie Johannes sich im Leib Elisabeths zu regen begann. Am Höhepunkt des Sommers feiern wir das Fest der Aufnahme Mariens in den Himmel, das uns daran erinnert, dass auch wir dazu berufen sind, in den Himmel aufgenommen zu werden. An Mariä Himmelfahrt werden Kräuterbüschel gesegnet. Damit drücken wir aus, dass die Natur heilende Kräfte in sich birgt und Gottes Schönheit widerspiegelt.

Der Rhythmus der Natur ist für die Ordensleute Symbol für den Lebensrhythmus.

Die Fastenzeit dient sowohl der körperlichen als auch der seelischen Reinigung. Wir sollten sie nutzen, um uns von Bedürfnissen und Abhängigkeiten loszusagen.

Im Herbst danken wir für die innere und äußere Ernte unseres Lebens. Die Herbstfarben der Blätter laden uns ein, unser Älterwerden anzunehmen und das Bunte als persönliche Weiterentwicklung zu erkennen. Und das milde Herbstlicht, das im Oktober sprichwörtlich alles vergoldet, regt uns an, mit mildem Blick auf uns zu schauen.

Im November gedenken wir der Heiligen, die ihren Platz in der Ewigkeit gefunden haben, und wir gedenken unserer Lieben, die nicht mehr unter uns sind. In diesem Monat stellen wir uns auch dem eigenen Vergehen, das wir in der Natur wahrnehmen. Nur wer das Sterben in sein Leben integriert, vermag auch bewusst und intensiv zu leben. Nur wer Altes loslässt, ist offen für Neues, das in ihm wachsen möchte. Nur wer hinterfragt, findet eine Antwort.

Und dann ziehen wir uns im Winter in uns selbst zurück, um in der Kälte das wärmende Licht Jesu Christi im eigenen Herzen zu entdecken. Wenn es in der Natur still wird, soll auch in unser Herz Stille einziehen. Und wenn es um uns dunkel wird, brauchen wir umso mehr das Licht, das in der Geburt Jesu in unserer Dunkelheit aufleuchtet.

Grünkraft »viriditas« tanken

Die Mönche haben alles, was sie außen gesehen haben, auch als Bild für den inneren Weg des Menschen verstanden. Das Kirchenjahr und der Rhythmus der Natur verweisen uns auf den Weg unserer Menschwerdung. Nur wenn wir uns mit allem annehmen, was uns geschenkt wurde, nur wenn wir das Alte immer wieder loslassen, kann neues Leben in uns zur Blüte kommen. Die heilige Hildegard spricht von der »viriditas«, von der Grünkraft, die in der Natur liegt und die auch unser Leben durchdringt. Wenn wir diese Grünkraft in uns aufnehmen, dann werden wir immer an der Frische des göttlichen Lebens teilhaben, dann wird unser Leben ständig erneuert.

Klösterliches Ambiente demonstriert Beständigkeit. In der Stiftsbibliothek des Klosters Waldsassen.

Der Jahreslauf

»Das geistliche Leben ist etwas Lebendiges und keine Rechenschieberaufgabe«, sagt mir Pater Meinrad beim Besuch in seinem Atelier im Kloster Münsterschwarzach. Der 61-jährige studierte Theologe ist seit mehr als zwei Jahrzehnten als Maler, Autor und Ausstellungsmacher tätig. Präsentationen und Aufträge auch im Ausland führen ihn oft genug aus dem Kloster heraus. Pater Meinrad ist also keiner, der die Welt nur durch den Fernseher kennt. An seiner Aussage muss deshalb etwas dran sein.

Wie man den Rhythmus der Natur für sich nutzen kann

Auch Pater Anselm beschreibt den Rhythmus des kirchlichen Lebens und den Ablauf des Kirchenjahres als ein lebendiges System mit heilender Wirkung. Aufs Erste ist dies für uns nicht ganz nachvollziehbar. Die Feste des Kirchenjahres sind bei uns vielfach in Vergessenheit geraten. Natürlich feiern wir Weihnachten und

Ostern, aber schon bei Pfingsten setzt es aus. Wer weiß eigentlich noch, auf welches Ereignis dieses Fest zurückgeht? Wer kennt Mariä Heimsuchung (Seite 204) oder Mariä Lichtmess, auch Darstellung des Herrn genannt (Seite 204)?

Christi Himmelfahrt (Seite 204) oder Fronleichnam (Seite 204) nehmen wir oft als günstige Gelegenheit wahr, ein verlängertes Wochenende im Frühsommer freizunehmen. Aber was diese Festtage bedeuten, wissen wir meist nicht mehr.

Überhaupt ist uns das Bewusstsein für den Jahresrhythmus und damit für den Rhythmus der Natur etwas abhanden gekommen. Denn wir können ihm heute entfliehen: im Winter, wenn die langen, dunklen Tage kommen, in die Karibik. Im Sommer, wenn einem die Hitze zu schaffen macht, zum Gletscherskifahren in die Alpen. Aber entspricht dies eigentlich unserem Biorhythmus? Und wie fühlen wir uns, wenn wir nach den Ausflügen in andere Klimazonen wieder zu Hause ankommen? Ist dann der Alltag nicht noch trister als vorher?

Statt dem grauen November zu entfliehen, kann man sich doch auch die positiven Aspekte dieses Monats vor Augen führen. An den langen Abenden kann

Novembermeditation

- → Zünden Sie eine Duftlampe mit Zitronen- oder Orangenduft an.
- → Setzen Sie sich entspannt auf die Vorderkante eines Stuhls, die Beine locker nebeneinander stellen, die Hände auf die Oberschenkel legen.
- → Schließen Sie die Augen und stellen Sie sich vor, Sie sind an einem einsamen, sonnigen Strand.
- → Atmen Sie tief ein und doppelt so lange wieder aus.
- → Stellen Sie sich nun das Rauschen des Meeres vor. Sie können sich natürlich auch eine entsprechende CD anhören.
- → Gehen Sie in Gedanken in der Sonne am Strand entlang und atmen Sie dabei tief ein.
- → Heben Sie Ihr Gesicht mit geschlossenen Augen der eingebildeten Sonne entgegen.
- → Lassen Sie sich erwärmen. Dabei immer tief ein- und ausatmen.
- → Spüren Sie, wie die Sonne Ihren Körper durchströmt.
- → Lassen Sie sich »bestrahlen« so lange Sie mögen. Bereits fünf Minuten werden Ihnen genügen, um den tristen November zu vertreiben.

man es sich daheim gemütlich machen und endlich einmal die Bücher lesen, die schon lange auf einem Stapel liegen. Man kann Freunde treffen, ins Kino oder ins Theater gehen. Und man kann sich bei einer Meditation (Kasten Seite 17) entspannen.

So hat jeder Monat seine schönen Seiten, aus denen man sich kleine Highlights für den Alltag herausfiltern kann. Überlegen Sie sich doch einmal, was Ihnen im Jahreslauf so alles gefällt. Im Februar vielleicht die Sonnentage im Schnee, an denen Spaziergänge ein Genuss sind? Oder im März die ersten Blüten, die aus der Schneedecke hervorbrechen?

Und letztlich machen es die Mönche ja genauso. Wie Pater Anselm beschreibt, orientiert sich der Rhythmus des Kirchenjahres am Rhythmus der Natur. Rund ums Jahr gibt es Feste, die der Jahreszeit entsprechen: Ostern im Frühling, Mariä Himmelfahrt im Sommer, Erntedank im Herbst und Weihnachten im Winter.

Dieses System, das Pater Anselm als ein therapeutisches bezeichnet, ist sehr geschickt. So haben die Ordensleute immer eine Art Ziel vor Augen, ein Fest, auf das sie hinarbeiten und sich freuen können.

Marksteine setzen

→ Auch wir können einzelne Feste, die auf das Kirchenjahr zurückgehen, als Marksteine im Jahreslauf sehen, auf die wir uns freuen können. Dazu müssen wir uns jedoch von dem Stress befreien, der manchen Festen heute anhaftet.

→ Weihnachten beispielsweise ist ein Glanzpunkt in der dunklen Jahreszeit. Es bringt Licht in die längsten Nächte, ist ein Atemholen nach zwölf Monaten, gibt die Chance, im Familienkreis zu feiern.

→ Die Fastenzeit ist die Vorbereitung auf Ostern. In der Vorfreude auf den nahenden Frühling können auch wir eigentlich problemlos auf etwas verzichten.

→ Pfingsten steht am Anfang des Sommers. Das ist doch wirklich ein Termin, auf den man sich freuen kann.

→ Aber: Die Freude kommt nur auf, wenn man diese Feste nicht als Konsumveranstaltungen sieht. Wenn man eben nicht wegen aufwändiger Vorbereitungen außer Atem kommt. Wo können Sie da vielleicht »abspecken«?

Die Mitglieder des Konvents von Münsterschwarzach verneigen sich während des Chorgebets.

Die kirchlichen Feste, die man im Kloster besonders bewusst begeht, geben dem Jahr eine Struktur. Bewusst begehen heißt hinter Klostermauern nicht, sich mit Geschenken zu überhäufen und üppige Speisen aufzutischen, sondern sich den Ursprung des Fests vor Augen zu führen und sich über Dinge zu freuen, die für uns scheinbar keine Bedeutung mehr haben: Zeit haben beispielsweise, Ruhe genießen, in die Natur gehen.

Wenn Bruder Ethelbert, seit 22 Jahren Küchenchef im Kloster Münsterschwarzach, seine Freude an der Feier der Kirchenfeste zum Ausdruck bringt, erwähnt er dabei einen ganz wichtigen Aspekt: Die Mönche feiern ihre kirchlichen Feste gemeinsam. Beim Chorgebet, bei der Eucharistiefeier, beim Essen.

» *Die Feste im Kloster, die wir gemeinsam feiern, sind wirklich etwas Besonderes. Auch wenn ich dann manchmal mehr Arbeit habe bei der Zubereitung der Mahlzeiten, freue ich mich darauf.* «

Bruder Ethelbert

Wie sieht es denn bei Ihnen aus? Schlingen Sie an Weihnachten das mit Sorgfalt zubereitete Essen runter und setzen sich dann vor den Fernseher? Oder fahren Sie vielleicht allein weg? Flüchten an einen Ort, an dem man dieses christliche Fest nicht kennt? Wenn dem so ist, dann stellt sich die Frage, ob Sie dies ändern können. Denken Sie doch einmal genau darüber nach.

Machen Sie sich bewusst, welche Bedeutung die kirchlichen Feste für Sie haben können, egal, ob Sie ein gläubiger Mensch sind oder nicht: Termine im Jahr, auf die man sich freuen kann, Zeitpunkte zum Innehalten, Zeiten für gemeinsame Unternehmungen.

Kirchliche Feste sind wichtige Marksteine im Jahreslauf, genauso wie der Wechsel der Jahreszeiten. Garten im Kloster Waldsassen.

»Grünkraft« tanken

Bewusst den Lauf der Jahreszeiten wahrzunehmen und davon zu profitieren setzt voraus, dass man sich viel in der Natur aufhält.

Pater Anselm hat die hl. Hildegard von Bingen erwähnt. Auf sie geht der Begriff der »viriditas«, Grünkraft, zurück. Das Grün ist für sie Ausdruck der Lebenskraft. Eine gesunde Pflanze ist kräftig grün. Wenn ihre Blätter braun werden, ist sie krank oder geht sogar ein.

Man kann dies bildlich auch auf die Menschen übertragen. Wer viel in der Natur ist, sich »im Grünen« aufhält, hat in der Regel eine gesunde Gesichtsfarbe. Wer bleich und »ausgedörrt« aussieht, wird seine Tage wohl hauptsächlich in Räumen verbringen.

Das Grün der Natur brauchen wir, damit wir gesund bleiben und immer wieder Energie tanken können. Ansonsten verkümmern wir – im doppelten Sinne des Wortes: ausgelaugt und voller Kummer.

In jedem Kloster gibt es einen Kreuzgang. Hier konnten die Ordensleute der Natur nahe sein, durchatmen, abschalten. Wenn auch die Klostermitglieder heute nicht mehr regelmäßig im Kreuzgang wandeln, so schließt sich doch in vielen Klöstern an das Mittagessen ein kleiner Verdauungsspaziergang an. Die Mönche

»Grünkraft« ist lebenswichtig

- → Es ist wichtig, auch an trüben Tagen raus in die Natur zu gehen. Denn das Tageslicht fördert mehr Energie als jede noch so helle Zimmerbeleuchtung.
- → Etwas Grünes gibt es zu jeder Jahreszeit draußen zu sehen.
- → Tanken Sie »Grünkraft« im Alltag, indem Sie täglich mindestens eine halbe Stunde zu Fuß unterwegs sind.
- → Reservieren Sie sich eine bestimmte Zeit dafür.
- → Verbinden Sie den Fußmarsch mit Erledigungen, so haben Sie ein konkretes Ziel vor Augen.
- → Versuchen Sie aber in jedem Fall, die Natur rings um Sie herum bewusst wahrzunehmen.
- → Wenn Sie aus irgendeinem Grund einmal nicht vor die Tür kommen, dann betrachten Sie das Stückchen Natur vor Ihrem Fenster.

von Münsterschwarzach konnte ich dabei beobachten, wie sie nach der Mahlzeit schweigend und bedächtig durch den Innenhof des Klosters gingen.

Zwei Mitbrüder von Pater Anselm, Bruder Hugo und Bruder Leander, beide jenseits der 70, schwingen sich nach dem Mittagessen regelmäßig aufs Fahrrad. »Wir radeln jeden Tag unsere 50 Kilometer, bei Wind und Wetter. Ohne die Bewegung draußen geht uns was ab«, sagen die beiden.

Dass Ordensleute die Bewegung in der freien Natur brauchen, ist nichts Ungewöhnliches. Die Benediktinerinnen des Klosters Habsthal auf der Schwäbischen Alb beispielsweise machen nach dem Mittagessen regelmäßig einen Spaziergang in der Umgebung des Klosters, auf dem ich sie mehrfach begleitet habe. Da geht es forschen Schritts zur Sache. Auch wenn manchmal das Wetter nicht ganz christlich war, hatte man doch genügend »Grünkraft« getankt, um nachher wieder voller Energie an die Arbeit zu gehen.

Die 90-jährige Schwester Assumpta aus dem Kloster Waldsassen, die in ihren letzten Lebensjahren keine großen Strecken mehr zurücklegen konnte, ging dennoch nach Möglichkeit jeden Tag im Klostergarten spazieren. Bei schlechter Witterung betrachtete sie aus dem Fenster ihrer Klosterzelle die davorstehenden Bäume: »Es ist immer wieder ein Geschenk Gottes, betrachten zu können, wie sich die Natur im kleinen Ausschnitt meines Fensters ständig verändert. So kann ich den Jahreslauf miterleben, auch wenn ich nicht vor die Tür gehen kann.«

»Grünkraft« tanken die Ordensleute noch heute, indem sie sich möglichst regelmäßig in der Natur aufhalten.

Der Tagesrhythmus – ora et labora

Feste Tagesstrukturen schaffen mehr Sicherheit, ermöglichen eine bessere Planung und sparen Zeit

Die Gäste unseres Klosters sind immer wieder von der klaren Tagesstruktur beeindruckt, nach der wir Mönche leben. Wenn sie sich auf unseren Rhythmus einlassen, spüren sie auf einmal, dass er auch ihnen gut tut und dass er sie wach hält. Sie finden plötzlich ausreichend Zeit für das Wesentliche: für das Gebet, für die Stille, zum Wandern, zum Lesen, für die Mahlzeiten, für das Gespräch und für die Arbeit. Alles bekommt seine Zeit. Aber diese Zeit hat auch ihre Grenzen. Nichts ist grenzenlos, weder das Gespräch noch die Arbeit.

Der hl. Benedikt hat in seiner Regel die Tagesordnung sehr genau beschrieben. Den Morgen hat er für das Gebet und die Lesung vorgesehen. Am Vormittag lässt er die Mönche arbeiten. Doch auch die Arbeit wird immer wieder vom Gebet unterbrochen. Am Mittag gönnt Benedikt den Mönchen eine Mittagspause mit einem kurzen Mittagsschlaf – wie es in Italien üblich war. Der Nachmittag ist wieder für die Arbeit vorgesehen. Mit dem Abendlob beginnt der Abend. Zunächst kommt die Erfrischung beim Abendessen, und die Zeit danach ist der Besinnung und dem Gebet gewidmet. Dazu legt der Abt (Seite 204) ein Kapitel aus der Regel Benedikts aus. Schließlich beendet die Komplet (Seite 204) den Tag.

Ein Kurarzt hat einmal den Tagesrhythmus, den Benedikt für die Mönche vorsieht, mit dem Biorhythmus verglichen. Das Ergebnis: Benedikt hat ihn bereits berücksichtigt. Und heute merken wir, dass eine klare Tagesstruktur immer ein positives Zeichen für eine Gemeinschaft ist.

Für mich bedeutet der Rhythmus nach der Regel Benedikts keine Einschränkung, sondern er ist eine Einladung, meine Zeit gut zu nutzen.

An den Vormittagen geht Pater Anselm seinen Aufgaben als Cellerar, also Geschäftsführer, des Klosters Münsterschwarzach nach.

In den sechziger Jahren des vorigen Jahrhunderts haben viele Ordensgemeinschaften gegen die nach ihrer Meinung zu starke Strukturierung des Tages rebelliert. Damit sind sie häufig der Gefahr der Verweltlichung erlegen, denn das spirituelle Leben braucht die Stütze durch einen geregelten Tagesablauf.

Ich erlebe den strukturierten Tag als Schutz, damit ich nicht zu viel arbeite. Ich erlebe ihn aber zugleich als Raum, in dem ich mit mir und mit Gott in Berührung komme. Für mich bedeutet der Rhythmus nach der Regel Benedikts keine Einschränkung, sondern er ist eine Einladung, die Zeit gut zu nutzen. Und gerade die Abwechslung bei dem, was ich jeweils tue, hält mich wach.

Manche Menschen fragen mich, wie ich so viel schreiben kann. Meine Antwort darauf: Ich habe jede Woche genau sechs Stunden zum Schreiben reserviert. Dienstags und donnerstags schreibe ich morgens von 6.00 Uhr bis 8.00 Uhr und an einem Abend in der Woche von 20.00 Uhr bis 22.00 Uhr. Das genügt.

Für Pater Anselm ist, wie für alle Ordensleute, die Meditation ein wichtiger Bestandteil des Tagesablaufs, auf den er sich voll konzentriert.

An den anderen Tagen habe ich morgens von 7.10 Uhr bis 8.00 Uhr Zeit zum Lesen. Die übrige Zeit des Tages arbeite ich in der Verwaltung oder im Recollectiohaus (Seite 205), oder ich halte Vorträge. Für mich ist der Tagesrhythmus im Kloster mit seinen drei Stunden Gebet und Meditation, den siebeneinhalb Stunden Arbeit und den gemeinsamen Zeiten mit den anderen Mönchen stets befruchtend. Diese Struktur ermöglicht mir erst ein effektives Arbeiten – nie maßlos und immer wieder vom Gebet unterbrochen.

Das Heilsame der Tagesstruktur

Viele unserer Gäste nehmen sich vor, auch daheim etwas von der heilsamen Tagesstruktur des Klosters zu verwirklichen. Aber sie merken sehr schnell, dass sie die Mönche nicht kopieren können. Doch wenn sie ihr individuelles Maß berücksichtigen, gelingt es ihnen, ihren Tag sinnvoll zu ordnen. Viele erzählen später von den bereichernden Erfahrungen, die sie gemacht haben, indem sie morgens etwas früher aufstehen, sich für die Dusche und für das Frühstück Zeit nehmen und sich Stille gönnen. Damit der Tag besser beginnt. Sie unterbrechen ihre Arbeit mit kleinen Pausen, in denen sie wieder zu sich selbst kommen. Und sie setzen sich eine klare Grenze, wann sie am Abend ihre Arbeit beenden. Außerdem nehmen sie sich vor, immer zu einer bestimmten Stunde zu Bett zu gehen. Dieser individuell festgelegte Rhythmus bewahrt sie vor Erschöpfung. Mit ihm können sie gut leben und das, was der Alltag von ihnen fordert, bewältigen. Wer also seinen Tag überlegt strukturiert, spart Zeit, denn er arbeitet konzentrierter. Und er gewinnt Energie, weil er nicht täglich neu entscheiden muss, wie er ihn gestalten soll.

Wenn ich Menschen als Seelsorger begleite, erkundige ich mich immer auch nach deren konkretem Tagesablauf. Wenn jemand wegen Überforderung jammert, bitte ich darum, zum nächsten Gespräch einen Wochenplan mitzubringen und sich folgende Fragen zu stellen: Wie sehen die einzelnen Tage der Woche aus? Wann stehe ich auf, wie viel Zeit habe ich zum Gebet, zur Stille, für mich selbst, für Gott? Wann arbeite ich? Und wie arbeite ich?

Manchmal treffe ich Menschen, die ganz euphorisch von ihren spirituellen Erfahrungen sprechen. Aber wenn ich einen Tag durchgehe, merke ich schnell, dass die euphorische Spiritualität nur eine Flucht vor dem Chaos ihres Lebens ist. Weil sie unfähig sind, ihren Tag sinnvoll einzuteilen und die von ihnen geforderte Arbeit zu bewältigen, flüchten sie sich in fromme Gefühle.

Die Spiritualität Benedikts ist geerdet. Sie scheut sich nicht, den Tag nüchtern zu betrachten und an der Tagesstruktur zu arbeiten. Das allein macht zwar noch keine tiefe Spiritualität aus. Aber ohne gute Struktur verfliegt auch unsere Spiritualität allzu leicht. Die Struktur ist eine Stütze für unser geistliches Leben.

Die Tagesstruktur als Halt für die Seele

Die Struktur ist auch für unsere Seele eine Hilfe, um sich so zu entfalten, wie es ihrem Wesen entspricht. Deshalb ist eine vernünftige Tagesstruktur immer auch ein Zeichen für eine gesunde Seele, die uns vor allzu großen Schwankungen zwischen Euphorie und Depression bewahrt.

Viele Menschen reduzieren unseren Tagesrhythmus auf das benediktinische Motto »ora et labora«, bete und arbeite. Sicher gewährt uns die Regel genügend Zeit zum Beten und zum Arbeiten. Aber eigentlich geht es Benedikt um mehr: um eine innere, geistige Verbindung von beidem.

Die Art, wie ich meine Arbeit verrichte, sagt nämlich sehr viel über meine Seele aus. Denn die Arbeit ist der Ort, an dem ich die gleichen Haltungen einüben kann, die auch mein Gebet prägen: die Haltung von Achtsamkeit, von Ehrfurcht, Güte und Liebe. In der Art und Weise, wie ich mit anderen Menschen zusammenarbeite, zeigt sich sehr deutlich, ob ich sie schätze, ob ich an sie glaube und ob ich sie positiv stimme.

In der Arbeit geht es immer auch darum, sich mit den eigenen negativen Emotionen auseinanderzusetzen und Klarheit, Frieden und Wertschätzung um sich herum zu verbreiten. Doch ich werde die Arbeit nur dann als spirituelle Herausforderung erfahren, wenn ich mir die Zeit nehme, außerhalb der Arbeit in mein Herz zu schauen, die Regungen meiner Seele zu beobachten und sie Gott entgegenzuhalten, damit sein Friede in mein Herz einziehen kann.

Der Tagesrhythmus

Feste Tagesstrukturen schaffen mehr Sicherheit, ermöglichen eine bessere Planung und sparen Zeit

Immer, wenn ich mit Ordensleuten verabredet war, kamen sie auf die Minute zum vereinbarten Termin. Diese Pünktlichkeit habe ich nicht nur beobachtet, wenn ich Nonnen oder Mönche in ihrem Konvent (Seite 204) aufsuchte, sondern auch bei Terminen außerhalb des Klosters. Und ganz selten kamen sie sichtlich gehetzt und gestresst an. Meist wirkten sie entspannt, setzten in der Regel aber vorher ein Zeitlimit für die Besprechung.

Manchmal kam mir dieser Zeitrahmen etwas knapp vor. Aber die Erfahrung zeigte mir, dass wir innerhalb des geplanten Zeitfensters tatsächlich alle Dinge besprechen konnten, die wir uns vorgenommen hatten. Selten mussten wir länger tagen oder das Gespräch beenden, bevor alle Punkte abgearbeitet waren.

Im Atelier von Pater Meinrad auf dem Klostergelände von Münsterschwarzach findet man profane Dinge ebenso wie sakrale Elemente.

»Woran mag dies liegen?«, fragte ich mich, »sind Ordensleute grundsätzlich besser organisiert als Menschen, die nicht in einer Ordensgemeinschaft leben?«

Grundsätzlich sicher nicht, auch im Kloster gibt es Menschen, die systematisch arbeiten, strukturiert sind, und solche, die eher ins Chaos abdriften. Aber die Nonnen und Mönche müssen sich nach der klösterlichen Tagesordnung richten, die feste Zeiten für die Chorgebete, die Mahlzeiten und die Rekreation (Seite 205) vorsieht. Wenn die Glocke zum Gebet ruft, können sie nicht sagen: »Ich komme in 20 Minuten nach«, denn dann wäre das Chorgebet bereits vorbei.

In Klöstern mit größeren Gemeinschaften ziehen die Ordensleute zu den meisten Gebetszeiten gemeinsam in den Chor ein. Sie versammeln sich vorher im Kreuzgang, verharren einige Minuten in Stille und betreten dann in Zweiergruppen den Chor. Dies ist bewusst so organisiert. Einmal gewährleistet es, dass nicht jeder zu einem Zeitpunkt, der ihm behagt, zum Gebet kommt. Zum anderen bieten die Minuten der Stille vor dem Einzug jedem die Möglichkeit, von der Arbeit Abstand zu nehmen und sich auf das Gebet einzustellen.

Die klösterliche Tagesstruktur mag einem Außenstehenden einengend vorkommen, kann aber so schlecht und ineffektiv nicht sein, denn sie hat sich ja bereits über einen Zeitraum von 1500 Jahren bewährt. »Da ist eine Weisheit und Kraft drin, die mich immer wieder beeindruckt«, sagt der Künstler Pater Meinrad in seinem Atelier in Münsterschwarzach. »Auch wenn ich manchmal in meine Arbeit vertieft bin und gerne weitermachen würde, ziehe ich meinen Arbeitskittel aus, den Habit (Seite 204) über und gehe zum Chorgebet. Damit kommt quasi ein anderer Teil meiner Persönlichkeit zum Tragen, und ich kann mich in diesem Wechsel des äußeren Gewands auf das Gebet einstellen.«

Bruder Hugo (77) kann die Aussage seines Mitbruders Meinrad nur unterstreichen: »Vor 60 Jahren bin ich als junger Bursche hier in Münsterschwarzach eingetreten. Damals war die klösterliche Tagesordnung für mich notwendig, damit mein Leben überhaupt eine Struktur bekam. Heute ist sie mir in Fleisch und Blut übergegangen und gibt meinem Tag ein sinnvolles Raster.«

Am Anfang denkt man, dass eine feste Tagesstruktur zwar im Kloster, aber nicht im eigenen Leben funktionieren kann. Aber warum eigentlich nicht? Auch die Ordensleute sind berufstätig, haben Managementaufgaben innerhalb des Ordens, teilweise Verpflichtungen als Priester oder seelsorgerischer Ratgeber und Pflichten in der Ordensgemeinschaft, beispielsweise als Kantor (Seite 204), als Messner oder beim Tischdienst. Wenn die Mönche dies schaffen, warum sollen wir es nicht auch geregelt bekommen?

Ist es nicht so, dass man manchmal Stunden über einer Aufgabe brütet, ohne eine Lösung zu finden? Wenn man dann eine Pause einlegt, etwas isst und trinkt, an die frische Luft geht, einfach einmal durchatmet, setzt man sich gestärkt wieder an die Aufgabe. Und damit kommen meist neue Ideen und Lösungen. Ein vermeintlicher Zeitverlust durch die Pause wird damit eindeutig zum Zeitgewinn.

Den Zeitaufwand begrenzen

Jedem Vorgang sollte man realistische Grenzen setzen. Wenn man einfach so draufloslebt und -arbeitet, ohne die Zeit im Auge zu behalten, fließt sie vielfach ungenutzt dahin. Das erzeugt Frust.

Ein einfaches Beispiel: Sicherlich hat jeder schon einmal Sitzungen und Besprechungen erlebt, die zeitlich nicht limitiert waren. Die Diskussionen zogen

Struktur gibt Lebensqualität

Geben Sie Ihrem Tag eine »klösterliche Struktur« mit ...

→ einem Ritual nach dem Aufstehen. Das könnte zum Beispiel eine Meditation sein oder eine Lektüre, die Sie auf den Tag einstimmt. Es könnten auch einige sportliche Übungen sein, die gleichzeitig Ihr körperliches Wohlbefinden fördern.

Starten Sie dann motiviert in den Tag mit ...

→ einem Arbeitsblock nach dem Frühstück, der immer zur gleichen Zeit beginnen sollte,

→ einer Mittagspause: eine halbe Stunde Essen und

→ eine halbe Stunde an der frischen Luft,

→ einem Arbeitsblock am Nachmittag und

→ einem Arbeitsschluss am Abend, immer zur gleichen Stunde.

→ Legen Sie die Zeitblöcke fest, und halten Sie diese strikt ein.

→ Stellen Sie sich für den Anfang gegebenenfalls einen Radiowecker mit einer Snooze-Taste auf relativ hohe Lautstärke, sodass Sie zwar in Ihrer Tätigkeit innehalten, aber nicht gleich verschreckt werden. Der Wecker wird Sie daran erinnern, dass nun eine neue Phase des Tages beginnt.

→ Wenn Sie den Wecker nicht sofort ganz abstellen, wird Sie die Snooze-Taste penetrant und unaufhörlich daran erinnern, dass Sie mit Ihrer jetzigen Tätigkeit aufhören und sich einer neuen Tagesphase zuwenden sollen.

→ Überlisten Sie sich, wenn nötig, selbst. Und zwar so lange, bis Sie automatisch Arbeitsphasen und Pausen einhalten. Um an Ihr gewünschtes Ziel zu kommen, dürfen Sie ausgesprochen kreativ sein.

Sie werden diese Tagesstruktur nach einer Weile nicht mehr missen wollen.

sich hin, die Konzentration ließ nach einer Weile nach, und die Ergebnisse waren im Verhältnis zum Zeitaufwand ganz schön mager. Manchmal hat man sich sogar auf einen weiteren Termin vertagt. Ziemlich frustrierend für alle Beteiligten. Um wie viel befriedigender ist es dann doch für alle Teilnehmer, für eine Besprechung einen bestimmten Zeitblock zu reservieren. Jeder weiß dann von vornherein, dass er mit dafür verantwortlich ist, diesen Zeitrahmen einzuhalten. Jeder wird sich konzentrieren und mit daran arbeiten, dass man in der vorgegebenen Zeit zu einem Ergebnis kommt.

Denken Sie daran: Zeit ist ein Geschenk, das man nicht einfach vergeuden sollte. Gehen Sie sorgsam damit um.

Natürlich läuft es auch bei den Ordensleuten nicht immer rund mit der Zeiteinteilung. Bruder Alfred (60), Leiter der klostereigenen Druckerei Benedict Press in Münsterschwarzach, muss bei eiligen Druckaufträgen auch nach der Komplet – dem letzten Abendgebet – des öfteren nochmals zurück an seinen Schreibtisch. »Es bleibt einfach schwierig, alles unter Dach und Fach zu kriegen«, sagt er auch noch nach 40 Jahren Ordensleben. Dies kann Schwester Laetitia, Äbtissin (Seite 204) des Klosters Waldsassen, nur bestätigen: »Was ich untertags an Arbeit nicht schaffe, bleibt für die Nacht.«

Aber trotz vielfältiger beruflicher Aufgaben legen sie die Arbeit beiseite, wenn es Zeit für das Chorgebet ist. Sie atmen durch und konzentrieren sich auf etwas anderes. Und ganz wichtig: Ein Tag in der Woche ist ihnen absolut heilig. Am Sonntag ruht die Arbeit. Dann nehmen die Klostermenschen Abstand von ihren täglichen Aufgaben.

Pater Anselm sagt, dass wir außerhalb der Klostermauern die Mönche nicht kopieren können. Dies ist richtig, kopieren können wir sie nicht, aber wir können von ihnen lernen, die Quintessenz aus ihrer Tagesstruktur herausfiltern und in unser Leben einbauen.

Um »im Fluss« zu bleiben

- → Brüten Sie nicht zu lange über einer Sache.
- → Setzen Sie sich ein Zeitlimit bei Ihren Aufgaben, das sie nicht überschreiten.
- → Bei Verpflichtungen, mit denen Sie bereits Erfahrung haben, können Sie realistische Zeitblöcke reservieren.
- → Bei neuen Aufgaben veranschlagen Sie sich auf Grund Ihrer Lebens- und Arbeitserfahrung ein Zeitfenster, das Sie immer noch korrigieren können, wenn sich zeigen sollte, dass Sie mehr oder weniger Zeit benötigen.

Für Äbtissin Laetitia in Waldsassen gehören Büroarbeiten und Managementaufgaben zum Alltag im Kloster.

Prioritäten setzen

Da gibt es einen weiteren Punkt, der mit einer realistischen Zeiteinteilung einhergeht. Nämlich: die Spreu vom Weizen zu trennen. Wer kennt nicht die Situation, täglich vor einer Vielfalt von Aufgaben zu stehen. Es prasselt nur so auf einen ein: Telefonate, Mails, Faxe, Post, Termine, Besprechungen. Wo soll man zuerst hingreifen, was als Erstes erledigen? Vor lauter Hektik beschäftigt man sich womöglich mit Dingen, die zweitrangig sind und noch ein wenig warten könnten. Vielleicht könnte man sie sogar delegieren.

Der 37-jährige Bruder Nicolas ist EDV-Leiter im Kloster Münsterschwarzach. Er ist für die Betreuung von rund 100 PCs verantwortlich. Manchmal müsste er an zehn Stellen gleichzeitig sein. Er konzentriert sich voll auf seine einzelnen Anforderungen und entscheidet dann, in welcher Reihenfolge er die Dinge erledigt. Auch wenn die Hektik über ihm zusammenbricht, behält er die Ruhe, denn er hat ja seine innere Prioritätenliste: »Belastung ist das hier für mich keine. Ich versuche, in den Zeiten des Chorgebets, wenn die Arbeit ruht, ganz zu mir zu kommen. Da sammle ich Kraft.« Da haben wir wieder das schon erwähnte Durchatmen in den Arbeitspausen. Bruder Nicolas' Schreibtisch ist aufgeräumt. Da liegen keine überflüssigen Unterlagen herum, denn er erledigt Dinge zügig.

Den persönlichen Tagesablauf strukturieren

Der tägliche Rhythmus von Arbeits- und Rekreationszeiten gibt Ihrem Tag ein Korsett und Ihnen damit Halt. Denken Sie stets daran: Sie ganz persönlich und nur Sie allein sind verantwortlich dafür, Ihren Tagesplan einzuhalten. »Ich sorge selbst dafür, dass es mir gut geht, aber ich muss es mir auch so organisieren«, sagt Pater Meinrad.

So vermeiden Sie Aufgabenberge

→ Stapeln Sie Ihre Aufgaben nicht um sich herum.

→ Konzentrieren Sie sich kurz auf jede einzelne Anforderung und entscheiden Sie dann, wie Sie damit verfahren:

- sofort erledigen oder
- zu einem anderen Zeitpunkt erledigen, den Sie aber gleich festlegen, oder
- delegieren oder
- in die Ablage »P« (= Papierkorb) befördern, wenn eine Beschäftigung damit völlig überflüssig ist.

→ So vermeiden Sie, dass Aufgabenberge um Sie herum wachsen und zur Belastung werden.

Der Weg zum idealen Tagesplan

→ Greifen Sie Pater Anselms Empfehlung auf, wenn Sie mit Ihrem Tagesablauf unzufrieden sind, weil Sie Ihren vielfältigen Anforderungen nicht gerecht werden.

→ Schreiben Sie während einer Woche einmal alle Dinge auf, die Sie täglich erledigen.

→ Betrachten Sie diesen Wochenplan ganz genau.

→ Vermutlich wird Ihnen sehr schnell klar, womit Sie wertvolle Zeit vergeuden.

→ Falls nicht, besprechen Sie ihn mit einer Ihnen nahestehenden Person.

→ Markieren Sie alle überflüssigen Aktionen.

→ Entwerfen Sie für sich einen idealen Tagesablaufplan mit einer ausgewogenen Mischung aus Arbeits- und Rekreationsphasen.

→ Planen Sie realistische Zeiten ein. Überfordern Sie sich nicht, indem Sie zu knappe Zeitblöcke für Einzelaufgaben vorsehen. Das wird Sie nur unter Druck setzen und am Ende frustrieren, wenn Sie die Zeiten häufig nicht einhalten können.

→ Berücksichtigen Sie Zeiten, die aufgrund Ihrer Betriebsabläufe vorgegeben sind – wie bei den Mönchen die Gebetszeiten beispielsweise.

→ Testen Sie dann für eine Weile diesen Plan, und korrigieren Sie ihn, wenn nötig.

→ Wenn alles passt und die Abläufe stimmen, halten Sie den Tagesplan konsequent ein.

→ Gestatten Sie sich nur in ganz besonderen Ausnahmefällen Abweichungen von diesem Tagesablauf – auch die Mönche gehen hin und wieder nicht zu den Chorgebeten. Aber sie weichen nur selten von dieser Regel ab.

→ Sie werden merken, wie zufrieden Sie sind, wenn Sie im Rhythmus Ihres Tagesplans leben und nicht täglich neue Energie für die Strukturierung des Tages aufwenden müssen.

Die äußere Ordnung – stabilitas

Das Chaos beseitigen und Oasen schaffen

Auf den ersten Blick erscheint die Regel Benedikts manchem Leser vielleicht einengend oder gar engstirnig. Denn es gibt für alles eine feste Ordnung: für das Aufstehen, für das gemeinsame Gebet, für die Arbeit, für die Mahlzeiten und für den Umgang mit Konflikten und mit Überforderung. Doch hinter dieser Ordnung steht ein ganz bestimmtes Bild von Gott und vom Menschen: Gott ist für Benedikt ein Gott der Ordnung. Und der Mensch lebt zwischen Chaos und Ordnung. Für das Gedeihen seiner Seele – um das innere Chaos zu beseitigen – braucht er die äußere Ordnung.

Wer sich auf die Ordnung Benedikts einlässt, der erfährt ihre heilsame Wirkung. Auf einmal klären sich Gedanken und Gefühle, und der Mensch findet zu seiner eigenen Ordnung, zu sich selbst. Für die griechischen Ärzte der Antike und für die Benediktinerin Hildegard von Bingen lebt nur der Mensch gesund, der nach seiner Ordnung, nach seinem wahren Wesen, lebt.

Der hl. Benedikt ordnet in seiner Regel das ganze Leben. Er gibt der Gemeinschaft eine klare Struktur, damit jeder weiß, wofür er zuständig ist. Er gibt klare Anweisungen, wie die Arbeit begonnen und beendet werden soll. Und er ermahnt die Mönche zu einem ordentlichen und achtsamen Umgang mit den Werkzeugen. Beispielsweise sollen die Brüder, die Küchendienst haben, die benutzten Geräte am Ende der Woche dem Cellerar (Seite 204) »sauber und unbeschädigt zurückgeben« (Die Benediktusregel 35,10). Denn eine ordentliche Übergabe der Arbeit an die Brüder, die in der folgenden Woche in der Küche Dienst tun, erspart viele Konflikte.

In der Lebensbeschreibung des hl. Benedikt wird erzählt, dass er im Traum den Bauplan für ein Kloster erhalten hat. Die Benediktiner legten seit jeher großen Wert auf ihre Klöster. Zum einen sollten sie natürlich zweckmäßig ausgerichtet sein. Zum anderen aber sollten sie auch ästhetisch ansprechend sein, weil der Anblick der Bauten – das wussten die Mönche – der Seele gut tut.

Allerdings bekommt ihnen zu viel Prunk und verschwenderische Fülle genauso wenig wie die Geringschätzung des Äußeren.

Damit der Mensch in seiner Umgebung seine Form gewinnt und sich zu Hause fühlen kann, braucht eben alles um ihn herum seine Form. Deshalb wirkt sich nicht nur die Klosteranlage, sondern auch die Gestaltung des eigenen Zimmers auf die Seele und die Umgangsformen der Mönche aus.

»stabilitas«

Die Mönche eines Benediktinerklosters geloben in ihrer Profess (Seite 205) »stabilitas« (Seite 205). Der hl. Benedikt setzt mit »stabilitas« ein Gegengewicht zur damaligen Völkerwanderung, in der alles in Bewegung war. Damit grenzt er sich bewusst gegen die Wandermönche ab, die ihr Leben lang durch die Lande zogen. Denn ein Mönch sollte mit seinem Ort verwurzelt sein. Wie ein Baum, der ohne Wurzeln nicht wachsen kann.

Die Klosterzellen in Waldsassen wirken durch ihre Schlichtheit und Ordnung.

Heute wird – ähnlich wie zuzeiten der Völkerwanderung – Flexibilität und Mobilität gefordert. Doch die moderne Psychologie sagt, dass die zunehmenden Depressionen auch ein Hilfeschrei der Seele gegen zu große Veränderungen sind. Ganz offensichtlich gibt sie dem Menschen zu verstehen, dass sie Halt und Wurzeln braucht, um gesund zu sein.

Die »stabilitas« wurde im Lauf der Zeit von den Mönchen unterschiedlich interpretiert. Die einen verstanden darunter eher, in der Gemeinschaft zu bleiben. Die anderen sprachen von der »stabilitas loci«, von der Beständigkeit, an einem Ort zu bleiben. Beides gehört wohl zusammen.

Die Benediktiner schlugen dort Wurzeln, wo sie ihr Kloster gebaut hatten. Sie hegten und pflegten diesen Ort, damit auch die nachfolgenden Generationen angemessen leben konnten. Und sie gestalteten ihn, sie gaben ihm eine Form. Auf diese Weise entstand ihre Kultur. Sie gingen achtsam mit dem Ort um, an dem sie lebten, sie wirtschafteten weise. Heute sagt man dazu »nachhaltig«. Alles, was sie taten, taten sie auch in Verantwortung für die Mönche, die in späteren Jahrhunderten an diesem Ort leben wollten. Sie dachten von Anfang an langfristig und verantwortungsvoll.

Der hl. Benedikt hat die »stabilitas« aber auch als spirituelle Herausforderung verstanden. Er hat die Gefahr des Herumwanderns erkannt, die Gefahr, vor sich selbst davonzulaufen. Daher bedeutet für ihn »stabilitas« ebenso die Bereitschaft, bei sich zu bleiben. Man könnte sagen: »stabilitas« ist die Fähigkeit, zu sich selbst zu stehen, für sich einzustehen, Stehvermögen zu entwickeln, wenn alles um mich herum wankt. Und »stabilitas« bedeutet, es bei sich selbst auszuhalten und auszuharren, wenn es in mir selbst schwierig wird und ich am liebsten vor mir davonlaufen möchte.

Mehr als ein Jahrtausend nach Benedikt meinte der französische Religionsphilosoph und Mathematiker Blaise Pascal, dass es deswegen so schlecht um den modernen Menschen bestellt sei, weil es keiner mehr allein in seinem Zimmer aushalte. Bei sich bleiben, das ist eine Kunst, die heute nur wenige beherrschen. Doch diese Kunst gehört zum gesunden Leben. Wie ein Baum seinen festen Standort braucht, um wachsen zu können, so muss es der Mensch bei sich aushalten, um zur Reife zu gelangen.

Die frühen Mönche liebten ihr Kellion (Seite 204), ihre Behausung. Aber es gab immer wieder junge Mönche, die es im Kellion nicht aushielten.

Die Stiftsbibliothek im Kloster Waldsassen besticht durch ihre beeindruckende Ausstattung.

Sie fanden, es sei christlicher, anderen Gutes zu tun. Doch die Altväter rieten: »Du kannst machen, was du willst. Du brauchst weder zu beten noch zu fasten. Doch bleib im Kellion. Wirf deinen Körper nicht aus dem Kellion heraus. Dann wirst du lernen, wer du bist. Und diese Selbsterkenntnis ist die Voraussetzung, dass du auf dem Weg zu Gott weiterkommst.«

Natürlich haben die Mönche des Mittelalters auch die Wohltat des Kellions gespürt. Das bestätigt der Gedanke »cella est coelum«, die Zelle ist der Himmel. Der Himmel, in dem der Mönch von Gottes Liebe umgeben ist. Wie eine Oase, in die er sich zurückzieht, um aus der inneren Quelle zu trinken. Sie ist ein Schutzraum, in dem er bei sich bleibt und so in seine Mitte kommt. Wenn er in seiner Mitte ist, dann ist auch Gott bei ihm.

Man kann es auch anders ausdrücken: Weil er sich in seiner Zelle in der liebenden und heilenden Nähe Gottes weiß, kommt er in seine Mitte. Weil Gott die Mitte seines Lebens wird, findet er auch seine eigene Mitte.

Die äußere Ordnung

Das Chaos beseitigen

»Ordnung ist eine große Hilfe«, sagt mir Äbtissin Laetitia. Und in der Tat ist der Schreibtisch dieser Klostermanagerin aus Waldsassen beeindruckend aufgeräumt. Die Ablagekörbe sind ordentlich beschriftet und übereinander geschichtet, und die Stifte liegen in Reih und Glied. An diesen Schreibtisch könnte man sich setzen und sofort mit der Arbeit beginnen. Da muss nicht erst ein Chaos beseitigt werden, bevor man zu neuen Taten schreiten kann.

Wer kennt nicht das Gefühl, zu Hause die Beine hochlegen zu wollen, aber nicht entspannen zu können, weil ringsum alles in Unordnung ist. Ständig wird man daran erinnert, dass noch Hausarbeiten oder andere Dinge erledigt werden müssen, und bekommt ein schlechtes Gewissen. Ein Extrembeispiel habe ich einmal im Haus eines Arztes erlebt, der seinen Schreibtisch im Schlafzimmer stehen hatte. Alles war beladen mit Papierstapeln, und die Unterlagen häuften sich sogar neben dem Bett. Wenn er sich abends zu Bett legte und morgens aufwachte, schweifte als Erstes sein Blick über die unerledigten Dinge. Kaum vorstellbar, dass er in Ruhe schlafen konnte.

Wer Chaos um sich herum hat, wird nur zur Ruhe kommen und zu sich selbst finden, wenn er das Chaos verlässt. Aber ist Flucht eine angemessene Reaktion? Sollte man nicht lieber versuchen, das Chaos zu beseitigen und damit zur Ausgeglichenheit zu finden?

»Ordnung ist wie Daheimsein. Chaos ist furchtbar, bodenlos, haltlos«, brachte es die 90-jährige Schwester Assumpta auf den Punkt. Sie war über 40 Jahre als Lehrerin tätig und hat versucht, ihren Schülern Ordnung beizubringen. Die Ordensfrau wusste also, wovon sie redete.

Innere Ordnung setzt äußere Ordnung voraus. Chaos macht krank. Nur wer in seinem Umfeld alles geregelt hat, wird auch innerlich zur Ruhe kommen.

Die Nonnen und Mönche haben im Kloster ihre festen Regeln. Schon im 6. Jahrhundert nach Christus hat der hl. Benedikt die Abläufe bis ins Detail festgelegt. Und noch heute hält man sich in den Konventen daran. Wenn man die Ausführungen Benedikts liest, ist man erstaunt, wie weise und weitsichtig er alles angeordnet hat.

Natürlich haben die Nonnen und Mönche eine andere Lebensform gewählt als wir. Vieles ist streng reglementiert. Uns würde da so manches zuwiderlaufen, wir würden uns wahrscheinlich zu sehr kontrolliert und eingeengt fühlen. Aber warum sollten wir es nicht schaffen, auch für unsere Welt Regeln festzulegen, die das Zusammenleben erleichtern?

Nehmen wir beispielsweise einmal die Zuständigkeiten in der Familie. Ist es bei Ihnen häufig unaufgeräumt, der Kühlschrank leer, der Abfalleimer voll, oder gibt es mal wieder keine Getränke im Haus? Und fühlt sich niemand für diese Dinge verantwortlich? Hofft jeder insgeheim, dass es der andere macht? Gibt es deshalb häufig Auseinandersetzungen? Dies sind Verhaltensmuster, die im Alltag relativ oft auftauchen.

Sicherlich gibt es Aufgaben, die niemand gern erledigt. In vielen Klöstern gibt es dafür eine praktische Regelung: Die Zuständigkeiten rotieren. Jede Woche hat beispielsweise jemand anderes Tischdienst, jede Woche hält ein anderes Mitglied der Ordensgemeinschaft die Tischlesung, und jede Woche sorgt jemand anderes für Ordnung in der Küche. Dies hat zur Folge, dass niemand sich vor den »niederen Aufgaben« drücken kann.

Darüber hinaus steckt auch noch der Gedanke dahinter, dass kein Ordensmitglied sich als etwas Besseres fühlen soll, nur weil es vielleicht eine intellektuell anspruchsvollere Aufgabe im Konvent zu erledigen hat. So bedient beispielsweise im Rotationsprinzip der Bibliothekar den Gärtner oder der Cellerar, also der Geschäftsführer des Klosters, den Pförtner im Refektorium (Seite 205), dem Speisesaal des Klosters.

Konkrete Aufgabenverteilungen ersparen dauerhafte Konflikte und immer wiederkehrende Diskussionen. Und damit das Vergeuden wertvoller Energien.

Schwester Bernadette ist für die gesamte Wäsche des Konvents von Waldsassen verantwortlich. Diese Aufgabe beschäftigt sie drei Tage pro Woche.

Überlegen Sie sich, ob Sie nicht auch notwendige Routineaufgaben in einem gewissen Turnus jemand anderem übertragen könnten. Vielleicht entdeckt auch jemand, der sich neu mit einer Aufgabe beschäftigt, wie man sie schneller und effektiver erledigen kann.

Die 21-jährige Schwester Bernadette ist seit Juni 2005 Novizin im Kloster Waldsassen. Zu Hause, in der Nähe von Hamburg, hat die Mutter die ganze Hausarbeit für die siebenköpfige Familie allein verrichtet. Nun muss die junge Ordensfrau, die sich nie um die eigene Wäsche kümmerte, die Wäsche für den gesamten Konvent und den Gästebereich erledigen. Drei Tage pro Woche ist sie damit beschäftigt. Und findet es gut: »Ich finde es völlig in Ordnung, dass ich einen eigenen, sinnvollen Verantwortungsbereich habe. Schließlich haben alle im Kloster etwas von meiner Arbeit.«

Ein Pflichtenplan hilft

- → Überlegen Sie doch einmal, wo es in Ihrem Umfeld häufig Unordnung gibt – sowohl an Ihrem Arbeitsplatz als auch zu Hause.
- → Haben Sie eigentlich jemals konkret abgesprochen, wer wofür verantwortlich ist?
- → Schaffen Sie Zuständigkeiten, besprechen Sie, wer welche Aufgaben übernimmt. Denn von selbst erledigt sich nichts.
- → Wenn jeder etwas übernimmt, sind die Pflichten für den Einzelnen überschaubar.
- → Wenn nötig, legen Sie die Aufgabenverteilung schriftlich nieder.
- → Machen Sie einen Plan, der alle die Dinge auflistet, die regelmäßig gemacht werden müssen. Und schreiben Sie den Namen desjenigen dazu, der für die Erledigung verantwortlich ist.
- → Hängen Sie diesen Plan an eine gut sichtbare Stelle.
- → Dinge, die bereits erledigt sind, können abgehakt werden. Dann sieht jeder gleich, wer seiner Pflicht bereits nachgekommen ist.
- → Wenn jeder die Aufgaben verinnerlicht hat, die in seinen Zuständigkeitsbereich fallen, und sie auch regelmäßig erledigt, kann man vielleicht irgendwann auf diesen Plan verzichten.

Oasen schaffen

Manch einer fühlt sich in seinem Ambiente unwohl, kann aber nicht genau definieren, woran es liegt. Er würde möglicherweise gerne etwas verändern, weiß aber nicht genau, was. Wenn das auf Sie zutrifft, dann laden Sie doch einmal einen guten Freund zu sich ein und fragen ihn, was er an Ihrer Wohnung ändern würde. Außenstehende haben oft einen besseren Blick für das, was überflüssig ist. Selbst hat man sich vielleicht an Dinge gewöhnt, die unnütz sind. Und all diese Dinge stellen im Grunde eine Belastung dar.

Entspannen und zu sich selbst finden kann man aber nur in Räumen, die licht, hell und ohne überflüssige Gegenstände sind. Jeder Gegenstand im Raum lenkt Augen und Gedanken ab. Er versperrt den Weg zu sich selbst. Verzichten Sie daher auf alles Überflüssige und damit Belastende. In einem überladenen Raum kann das einzelne Teil nicht wirken.

In manchen Klöstern gibt es einen Tag im Jahr, an dem die Ordensleute ihre Zellen entrümpeln. Pater Anselm erzählte einmal, dass es erstaunlich ist, was da bei manchen Mitbrüdern zutage kommt. Wäre es nicht sinnvoll, auch außerhalb der Klostermauern in regelmäßigen Abständen auszumisten?

Legen Sie mindestens einmal im Jahr einen Entrümpelungstag für Ihre Wohnung fest. Tragen Sie zusammen, was sich im Lauf der letzten Monate an Verzichtbarem angesammelt hat. Trennen Sie sich von diesen Gegenständen. Sie werden merken, wie eine Last von Ihnen abfällt.

Als ich Klosterzellen in Waldsassen besuchte, war ich erstaunt, wie licht und weit diese Räume wirkten, ohne über eine große Grundfläche zu verfügen. Alles war ordentlich aufgeräumt, und jede Nonne hatte in ihrem Raum nur wenige dekorative Gegenstände, aber jeweils mit einem speziellen Wert für sie. Jeder dieser Gegenstände konnte somit seine besondere Wirkung entfalten. In diesen Räumen kann man atmen.

Man muss dabei bedenken, dass eine Schwester nur ein Zimmer bewohnt und daher wirklich sehr genau überlegen muss, wie sie es möbliert. Auffallend war, dass es in jedem dieser Privatzimmer eine Nische als Meditationsecke gab. Mal war sie mit einem Meditationshocker ausgestattet, mal mit einer warmen Decke, in einigen Fällen mit einer Isomatte oder in Einzelfällen auch mit einem bequemen Sessel.

Die 26-jährige Schwester Raphaela bezeichnet diese Nische als ihren Rückzugsort, ihre Oase. Und Schwester Agnes ergänzt: »Auch für die Gäste soll das Kloster eine Oase sein und ihnen damit eine Heimat auf Zeit bieten.«

Haben Sie zu Hause eine Oase? Einen Ort, eine Nische, die Sie mit einigen wenigen Gegenständen ausgestattet haben, die Ihnen besonders am Herzen liegen? Falls nicht, gestalten Sie sich Ihren ganz persönlichen Oasenplatz. In jeder noch so kleinen Wohnung gibt es eine Ecke, die man entsprechend nutzen und zu bestimmten Zeiten nur für sich beanspruchen kann.

» *Das Kloster ist meine Heimat. Und Heimat soll Stil haben, eine schlichte Schönheit.* «

Schwester Raphaela

Wurzeln schlagen

Die Mönche wählen sich mit dem Eintritt in ein bestimmtes Kloster einen Ort, an dem sie in der Regel ihr ganzes Leben verbringen. Für viele von uns außerhalb der Klostermauern ist dies undenkbar. Wir wechseln die Jobs und Wohnorte je nach Bedarf und können dadurch nirgends Wurzeln schlagen.

Gerade in unseren Zeiten, in denen Mobilität gefragt ist und das längere Verbleiben am selben Arbeitsplatz oder in derselben Wohnung als unflexibel gilt, muss man sich einen Rahmen schaffen, in dem man sich zu Hause fühlt. Manchmal genügt dafür schon ein einzelner Gegenstand. Für Äbtissin Laetitia ist dies ein kleiner Brunnen. Sie liebt das Wasser und hat auch in ihrem Wappen das Brunnensymbol. Dort, wo Wasser fließt, fühlt sie sich zu Hause.

Was für das private Ambiente gilt, gilt ebenso für die beruflichen Räume. Manch einer mag sich denken: »Ist ja nur mein Büro und damit egal, wie es eingerichtet ist.« Aber überlegen Sie doch einmal, wie viel Zeit Sie dort verbringen. Bei einem Vollzeitjob sicherlich mehr Stunden als in Ihrer Wohnung. Und da soll die Ausstattung gleichgültig sein?

Die Mönche gingen achtsam mit den Orten um, die sie besiedelten, schreibt Pater Anselm. Gehen auch Sie achtsam mit den Orten um, an denen Sie wesentliche Zeiten Ihres Lebens verbringen. So können Sie sich Oasen schaffen.

Wohlfühlambiente im Büro

- → Schaffen Sie sich auch in Ihrem Büro ein Ambiente, an dem Sie sich wohl fühlen.
- → Befreien Sie sich von überflüssigem Ballast und platzieren Sie an Ihrem Arbeitsplatz einige wenige Gegenstände, die Ihnen etwas bedeuten.
- → Sie werden sehen, dass es Ihnen jedes Mal Freude bereitet und neue Energie gibt, wenn Sie diese persönlichen Gegenstände betrachten.

Schwester Raphaela trägt den weißen Schleier der Novizin im Kloster Waldsassen. Im Novizinnenzimmer findet sie Ruhe für Meditation und Gespräch.

Aus sich selbst schöpfen

Innere Ausgeglichenheit und äußere Ordnung sind Grundvoraussetzungen, um mit sich selbst im Reinen zu sein. Damit gelingt es leichter, auf andere Menschen zuzugehen.

Die innere Ordnung

Der Umgang mit sich selbst

Die Mönche haben sich immer sehr intensiv mit der eigenen Seele auseinandergesetzt. Im Schweigen wollten sie eins werden mit Gott. Aber sie mussten erfahren, dass das Schweigen sie erst einmal mit sich selbst konfrontiert. Sobald sie allein in ihrem Kellion saßen, tauchten Gedanken und Gefühle auf, Bedürfnisse und Leidenschaften meldeten sich zu Wort. So war ein wesentlicher Teil ihrer inneren Arbeit, sich ihrer Emotionen und Leidenschaften bewusst zu werden und mit ihnen zu kämpfen. Sie haben nicht gegen die Leidenschaften gekämpft, sondern mit ihnen. Sie spürten die große Kraft, die in ihnen lag. Aber zugleich erkannten sie auch die Gefahr, sich von den Leidenschaften leiten zu lassen. Deshalb verbrachten sie viel Zeit damit, ihre Emotionen und Bedürfnisse in Ordnung zu bringen. Das war die Voraussetzung, sich für Gott zu öffnen, aber auch den richtigen Umgang mit Menschen zu lernen.

Ohne klare Kenntnis der eigenen Emotionen projizieren wir unsere Probleme schnell auf die Mitmenschen. So wird von Altvater Poimen aus dem 4. Jahrhundert erzählt: »Wenn er in die gottesdienstliche Versammlung gehen wollte, dann setzte er sich zuerst für sich allein und untersuchte seine Gedanken, etwa eine Stunde. Und so ging er dann weg.« (Apophthegma 606.) Er bereitete sich also auf die Begegnung mit anderen Menschen vor, um ihnen gerecht zu werden und sie nicht mit seinem inneren Chaos zu irritieren.

Ich kenne viele Menschen, die dort, wo sie sind, Verwirrung stiften. Das eigene innere Chaos wirkt sich immer auch auf die Mitmenschen aus.

Seite 46/47: Abgeschiedenheit und Stille umfangen die Klosterbesucher. Klostermauer in Münsterschwarzach (links) und der Gang in der Klausur von Waldsassen (rechts).

Schwester Assumpta hat in vielen Jahrzehnten des Klosterlebens gelernt, dass ein befruchtender Umgang mit ihren Mitschwestern voraussetzt, im Einklang mit sich selbst zu sein.

Oft machen wir die Erfahrung, dass das Zusammensein mit anderen unsere eigenen Emotionen aufwühlt. Die negativen Emotionen der anderen vermischen sich mit unseren. Deshalb müssen wir unsere Seele immer wieder reinigen. Wir brauchen die innere Ordnung, damit wir ganz wir selbst sind und für Gott offen werden. In einem alten Väterspruch aus dem 4. Jahrhundert heißt es: »Man erzählte vom Altvater Johannes, dass er, wenn er von der Erntearbeit oder von einem Zusammensein mit Greisen heimkam, sich zuerst für Gebet, Betrachtung und Psalmengesang Zeit nahm, bis sein Denken wieder in die frühere Ordnung zurückgebracht war.« (Apophthegma 350.)

Zu sich selbst finden: annehmen, loslassen, eins werden, neu werden

Die erste Aufgabe des Umgangs mit sich ist die Selbsterkenntnis und die Bereitschaft, alles, was in einem auftaucht, anzunehmen und sich damit auszusöhnen. Für die Mönche besteht dieser erste Schritt der Selbsterkenntnis darin, dass sie mit Gott über ihre Emotionen und Leidenschaften sprechen und sie von seinem Licht durchdringen und verwandeln lassen. Der zweite Schritt ist, loszulassen, was belastet. Ich soll nicht ständig um meine Gedanken und Gefühle kreisen, ich möchte mich ja von ihnen befreien.

Es gibt einen wichtigen Grundsatz des geistlichen Lebens: Ich kann nur loslassen, was ich angenommen habe. Wenn ich meine Ängste oder Eifersüchte loswerden will, muss ich mit ihnen ins Gespräch kommen und mich aussöhnen.

Dabei erfahre ich, was sie mir sagen wollen. Vielleicht wollen sie mich darauf hinweisen, dass ich mich von Illusionen verabschieden muss, die ich mir von mir und meinem Leben gemacht habe. Etwa von der Illusion, ich kann alles, ich bin immer sicher und selbstbewusst.

Angst beispielsweise verweist mich auf das Maß, das Gott mir zugedacht hat. Nur wenn ich meine Angst angenommen habe, kann ich sie loslassen. Das bedeutet aber auch: Ich darf die Gefühle in mir nicht abwerten. Denn alles, was ich abwerte, bleibt an mir hängen. Wenn ich meine Eifersucht abwerte, werde ich nie von ihr loskommen. Und wenn ich meine Depressionen abwerte, werden sie mich überallhin begleiten.

In Münsterschwarzach findet man viele Rückzugsorte. Beispielsweise die Meditationskapelle (links) und die Anbetungskapelle in der Abteikirche (rechts).

Die Mönche haben zwei Wege für das Loslassen aufgezeigt:

Der erste Weg ist, ihre alte Identität loszulassen. Dafür gebrauchen sie das Bild des Sterbens. Wir sollen unsere alte Identität ablegen, in der wir uns mit der Welt identifizieren, in der wir uns über Anerkennung und Erfolg definieren, über Zuwendung und Bestätigung. Es geht darum, unsere eigentliche Identität in Gott zu finden, unser Lebenshaus auf den festen Grund Gottes und nicht auf den Sand unserer Illusionen zu bauen.

Der zweite Weg besteht darin, die Gedanken und Gefühle zwar wahrzunehmen, sich aber von ihnen zu distanzieren. Wir setzen uns oft unter Druck, wir müssten die negativen Emotionen und Lebensmuster ganz und gar verlieren. Doch die alten Lebensmuster werden immer wieder in uns auftauchen. Dann müssen wir uns erinnern, dass wir nicht mehr diejenigen sind, die sich früher von ihnen bestimmen ließen.

Ich kenne Menschen, die ihren Perfektionismus absolut verbannen möchten. Doch wenn wir ihn völlig besiegen wollen, wird er uns fortwährend verfolgen und letztlich immer stärker werden. Also ihn wahrnehmen: »Da bist du wieder. Ich kenne dich. Aber jetzt in diesem Augenblick folge ich dir nicht.«

Der italienische Psychologe Roberto Assagioli (1888–1974) hat diese alte Mönchsmethode neu belebt, und zwar in der Übung der Dis-Identifikation. Diese Übung geht so: Ich nehme meinen Ärger wahr. Aber der Punkt, der den Ärger beobachtet, ist selbst nicht mehr vom Ärger infiziert. Es ist der unbeobachtete Beobachter in mir, das spirituelle Selbst, in das ich mich zurückziehe. Dorthin hat der Ärger keinen Zutritt. So führt mich der Umgang mit den Gedanken und Gefühlen immer mehr zu meinem wahren Selbst, zu dem einmaligen und unverfälschten Bild, das Gott sich von mir gemacht hat. Letztlich ist das Ziel des Annehmens und Loslassens das Einswerden mit Gott. Ich kann nur ganz in Gott sein, wenn ich mich selbst vergesse. Evagrius Pontikos, ein bedeutender Mönchsschriftsteller aus dem 4. Jahrhundert, spricht davon, dass wir auch nur dann beten können, ohne zerstreut zu sein.

Unser Geist ist ganz auf Gott ausgerichtet, ohne dass wir bewusst über ihn nachdenken. Wir sind ganz im Augenblick, ganz eins mit uns. In diesem Moment fallen Himmel und Erde, Zeit und Ewigkeit zusammen. Aber es ist immer nur ein Augenblick. Im nächsten Moment fühlen wir wieder die innere Zerrissenheit. Doch um dieser kurzen Erfahrungen willen lohnt es sich, sich auf den Weg zu machen. Denn in diesem Augenblick sind wir nicht nur eins mit uns selbst, sondern auch frei von allem, was uns bedrängt. Wir sind einverstanden mit uns und unserem Tun, mit unserem ganzen Leben. Und wir erfahren im Einssein mit Gott, dass sich in uns etwas erneuert.

Oder wie Paulus es ausdrückt: »Wenn also jemand in Christus ist, dann ist er eine neue Schöpfung: Das Alte ist vergangen, Neues ist geworden.« (NT, Zweiter Brief an die Korinther 5,17.) Wir sind nicht festgelegt auf die Vergangenheit. Der alte Ballast, den wir mit uns herumgeschleppt haben, fällt ab. Das Neue, das in uns heranwächst, erfüllt uns mit einem neuen, ursprünglichen Glanz. Es sind Momente großen Glücks, die wir nicht festhalten können, die aber das Ziel des geistlichen Lebens sind.

Dafür setzt sich der Mönch eine klare Ordnung, ringt mit seinen Leidenschaften und lässt los, was ihn belastet. Es ist ein faszinierendes Ziel, das wir immer wieder einmal für den Bruchteil einer Sekunde erahnen und erspüren dürfen.

Was ist wichtig, was nicht?
Was tut gut, was schadet?

Manche Menschen meinen, Nonnen und Mönche würden nur um sich selbst kreisen. Die frühen Mönche waren zwar Einsiedler, aber auch sie kreisten nicht um sich selbst. Sie beschäftigten sich mit der eigenen Seele und ihren Regungen. Und sie hielten alles, was in ihnen auftauchte, Gott entgegen, um klarer zu erkennen, was sie am Leben hinderte und was sie förderte. Die ehrliche Selbstbegegnung gibt mir ein Gespür dafür, was wirklich wichtig ist in meinem Leben und was nicht. Wichtig ist die Auseinandersetzung mit der Frage: Worauf kann ich mein Lebenshaus bauen, damit es standhält?

Benedikt zitiert im Prolog seiner Regel das Wort Jesu vom klugen Mann, der sein Haus auf Felsen baute: »Als nun ein Wolkenbruch kam und die Wassermassen heranfluteten, als die Stürme tobten und an dem Haus rüttelten, da stürzte es nicht ein; denn es war auf Fels gebaut.« (Die Benediktusregel, Prolog 34, entspricht NT, Evangelium nach Matthäus 7,25.)

Oft genug bauen wir unser Lebenshaus auf dem Sand unserer Illusionen. Da ist die Illusion, dass wir alles können, was wir wollen. Da ist die Illusion, das Lob der anderen, ihre Anerkennung und ihre Bestätigung könne ein fester Grund

Für Pater Polykarp ist es selbstverständlich, sich und sein Tun immer wieder zu hinterfragen. In seinem Atelier in Münsterschwarzach.

für unser Haus sein. Sandiges Gelände sind auch die Illusionen von Erfolg und Ruhm, von Besitz und Reichtum. Und es gibt sogar die Illusion spiritueller Reife, die nur Sand ist für unser Lebenshaus. Denn da kreisen wir wieder nur um uns selbst. Den Mönchen geht es darum, das eigene Lebenshaus auf den festen Grund Gottes zu bauen. Nur wenn ich mich über Gott definiere, bekommt mein Haus ein gutes Fundament. Wenn ich mich über die Meinung und Anerkennung anderer definiere, wird es brüchig.

Die Selbstbegegnung bedeutet für die Mönche: sich selbst beobachten, die Regungen der Seele anschauen. Evagrius Pontikos hat sehr ausführlich beschrieben, dass man genau hinsehen soll, wie die Leidenschaften aufeinanderfolgen und wie sie zusammenhängen. Diese Selbstbeobachtung soll uns aber nicht auf uns selbst fixieren. Vielmehr sollen wir erkennen, welche Gedanken uns nützlich sind und welche uns schaden.

Sich beobachten heißt jedoch nicht, den Gedanken Macht zu geben. Wenn ich beispielsweise meinen Hass anschaue, erkenne ich, welche Kraft in ihm steckt.

Vielleicht steckt in ihm der Impuls, mich von dem anderen zu distanzieren und mich von dessen Macht zu befreien. Dann brauche ich den Hass nicht mehr. Wenn ich mir aber den Hass einfach nur verbiete, wird er immer wieder auftauchen und mir schaden. Er wird meine Seele zerfressen – wie es Evagrius im 4. Jahrhundert ausgedrückt hat.

Evagrius hat den Mönchen eine interessante Übung aufgegeben, um zu unterscheiden, was gut tut und was schadet. Es ist die sogenannte Türhüter-Übung. Schon Jesus hat uns im Markusevangelium gemahnt, gute Türhüter zu sein. Dieses Bild greift Evagrius auf und rät uns: »Setze dich still eine halbe Stunde lang hin, ohne zu meditieren oder zu beten, ohne zu lesen oder nachzudenken. Beobachte einfach die Gedanken, die an die Tür deines Herzens klopfen. Frage jeden: Bist du mir freundlich oder feindlich gesinnt? Was möchtest du von mir? Welche Sehnsucht steckt in dir? Bist du ein Hausbesetzer, der mir das Hausrecht streitig macht? Oder möchtest du mich auf etwas Wichtiges hinweisen, was ich bisher übersehen habe?« (Evagrios Pontikos, Brief 11.)

»Energie vom Chef selbst« – wenn sie nur immer so einfach anzuzapfen wäre.

Auf diese Weise können wir unsere Gedanken und Gefühle sortieren und spüren, was uns gut tut und was nicht. Die Gedanken, die uns überfallen und vereinnahmen möchten, sollen wir vor der Tür lassen. Und wenn sie schon eingetreten sind, sollen wir sie hinauswerfen. Nur die Gedanken, die uns mit unserem wahren Selbst in Berührung bringen, dürfen wir eintreten lassen.

Sich von Ängsten befreien – Energien gewinnen

Viele Menschen haben Angst, sich der Stille oder der Einsamkeit zu stellen. Da könnten ja unangenehme Gefühle oder Gedanken hochkommen. Man könnte konfrontiert werden mit Verletzungen, Enttäuschungen oder mit dem Gefühl, gar nicht wirklich zu leben, sondern das Leben ungenutzt an sich vorbeiziehen zu lassen. Doch die Angst werden wir nicht los, indem wir vor ihr davonlaufen. Wir müssen herausfinden, was sie uns sagen möchte. Wenn ich darauf vertraue, dass alles in mir sein darf und dass Gott alles zu verwandeln vermag, dann kann ich mich der eigenen Wahrheit auch stellen.

Manch einer sagt mir: Ich kann nicht in die Stille gehen. Da gerate ich in Panik, in mir könnte ein Vulkan hochgehen. Wer seinen eigenen Reaktionen so misstraut, der verbraucht viel Energie, um den Deckel über dem Vulkan zu halten. Und dabei hat er noch Angst, dass er dem Druck eines Tages nicht mehr standhalten kann. Vielen fehlt dann die Energie zum Leben, die sie dafür vergeudet haben, den Vulkan unter Verschluss zu halten.

Wenn ich mich aber mit dem, was in mir ist, anfreunde, dann wird das Verdrängte und Unterdrückte auf einmal zur Quelle neuer Energie. Das Unbewusste – so sagt C. G. Jung – ist eine wichtige Quelle der Lebenserneuerung. Wer aus dieser Quelle schöpft, der kommt mit neuen Kräften in Berührung, die er entweder bisher noch gar nicht wahrgenommen hat oder die durch das Verdrängen und Unterdrücken gebunden waren.

Die Mönche glauben, dass sie nicht nur mit der Kraft in Berührung kommen, die in den Leidenschaften steckt und die im Unbewussten bereitliegt, sondern letztlich auch mit der Kraft des hl. Geistes, die ihnen gegeben ist. Wer den Weg nach innen wagt, der kommt nicht nur mit seinen Schattenseiten in Berührung, sondern auch mit der inneren Quelle des hl. Geistes, aus der er schöpfen kann, ohne je erschöpft zu sein.

Die innere Ordnung

Der Umgang mit sich selbst

Wenn man äußere Ordnung geschaffen hat, ist dies die beste Voraussetzung, um zur Ruhe zu kommen. Nun helfen keine Ausreden mehr, dass man noch dieses oder jenes erledigen müsste. Natürlich gibt es immer etwas zu tun, aber die Frage ist, welche Prioritäten man sich setzt.

Denken Sie daran, dass die Minuten Ruhe, die Sie sich gönnen, in denen Sie sich ganz auf sich selbst besinnen, ein Geschenk sind. Ein Geschenk, das Sie täglich erhalten können. Sie müssen es nur selbst so arrangieren.

Gehen Sie in Ihre Oase. Dabei muss der Oasenplatz nicht ortsgebunden sein. Er kann einmal die bereits beschriebene Nische bei Ihnen zu Hause sein. Wenn Sie sich aber gerade nicht in den eigenen vier Wänden aufhalten, kann es beispielsweise auch eine Wiese oder eine Parkbank sein. Einfach ein Ort, an dem Sie für sich sein können und sich wohl fühlen.

Wie schon beschrieben, sammeln sich die Ordensmitglieder einige Minuten vor dem Chorgebet und verharren in Stille, bevor sie den Chor betreten. »statio« nennen sie diese Momente der Besinnung. Sie dienen dazu, sich gedanklich von dem zu lösen, was sie bis zu diesem Zeitpunkt beschäftigte, und sich auf das gleich folgende Gebet zu konzentrieren. Eine solche »statio« ist auch für uns sehr brauchbar. Um unsere Gedanken in Ordnung zu bringen, bevor wir uns Neuem zuwenden. Die Übung im Kasten auf Seite 58 könnte Ihnen dabei helfen. Sie ist sicher nicht einfach. Selbst die Ordensleute, die sich täglich darin üben, haben da ihre Schwierigkeiten.

» Ich versuche, ablenkende Gedanken beiseitezulegen, und wenn's nicht geht, sie zuzulassen. Denn wenn man sich darüber ärgert, wird's nur noch schlimmer. «

Schwester Raphaela

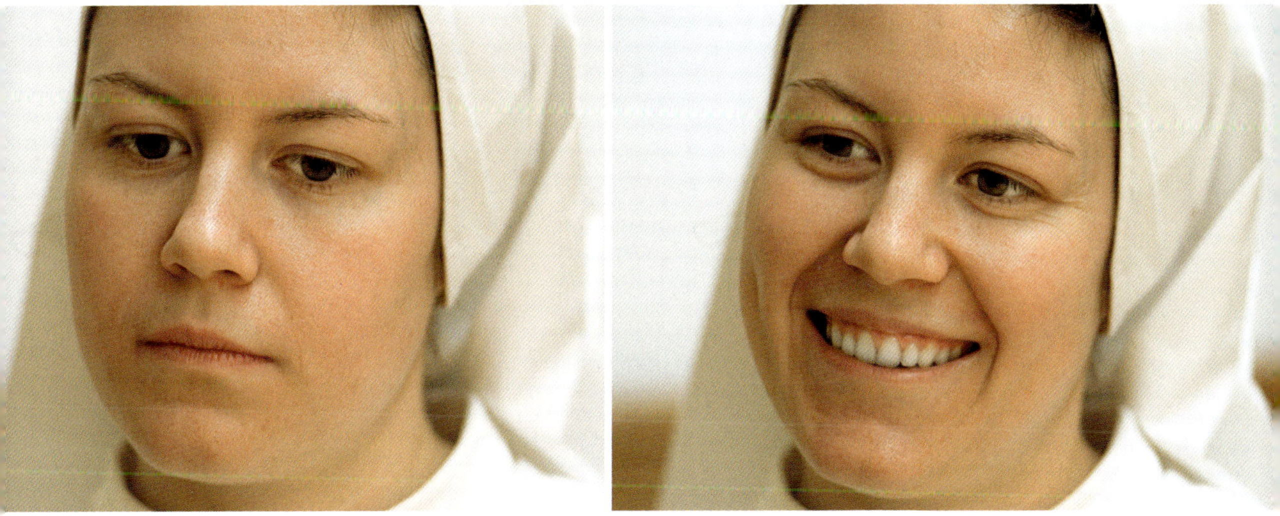

Schwester Raphaela übt sich täglich in Meditation und Selbstbesinnung. Trotz der regelmäßigen Übung fällt es ihr nicht immer leicht.

»Sich zurückzuziehen und auf sich selbst zu besinnen ist nicht einfach«, bestätigt Schwester Raphaela, »ich versuche, mich ruhig und gerade hinzusetzen und meine Gedanken sozusagen um mich herum zu lagern. Dann sage ich mir im Sinne Franz' von Sales (Ordensgründer, 1567–1622): ›Was war, ist Vergangenheit. Was wichtig ist, ist die Gegenwart‹.«

Die 27-jährige Novizin ist zur Zeit unseres Gesprächs erst seit einem guten Jahr im Kloster Waldsassen und tut sich genauso schwer wie jedermann außerhalb der Klostermauern mit ihrer Konzentration.

Wenn Schwester Raphaela sich über etwas besonders ärgert, zieht sie sich in ihr Zimmer oder in den Klostergarten zurück. Das sind ihre persönlichen Oasenplätze: »Ich versuche mich dann auch im Streitgespräch mit Gott und frage ihn, warum mir bestimmte Dinge passiert sind oder immer wieder passieren. Wenn ich die Augen offen halte, bekomme ich dann irgendwann einmal einen Fingerzeig, zum Beispiel durch eine Textstelle, die ich zufällig in der Bibel aufschlage.«

Nun mag diese Form von spirituellen Erfahrungen nicht jedem liegen. Aber was wir daraus lernen können, ist doch, die Augen offen zu halten für alles, was um uns herum und mit uns geschieht, dann erklären sich manche Vorgänge. Sind Ihnen nicht auch schon hin und wieder Dinge passiert, die Sie sich nicht erklären konnten, und über die Sie sich maßlos ärgerten? Und irgendwann, in einer ruhigen Minute, kam Ihnen sozusagen die Erleuchtung, und Sie konnten diese Geschehnisse einordnen. Aber sie brauchten eben diese ruhige Minute, um die Botschaft dahinter zu entdecken.

Wichtig für den positiven Umgang mit sich selbst sind ruhige Minuten, um zur Besinnung zu kommen. So lernt man eigene Emotionen, Stärken und Schwächen kennen. Gönnen Sie sich täglich einige Minuten Ruhe.

Und so lernt man im übrigen auch, sorgsam mit sich umzugehen und Ärger und Frust beiseitezulegen. Nur wer seine eigenen Gedanken in Ordnung bringt, sie quasi für sich selbst sortiert und strukturiert, kann sie auch so weitergeben, dass andere sie verstehen.

Momente der Besinnung

- Halten Sie Ihre ganz persönliche »statio« an Ihrem momentanen Oasenplatz.
- Setzen Sie sich in Ruhe hin und lassen Sie Ihre Gedanken und Emotionen hochkommen.
- Verdrängen Sie nichts.
- Kämpfen Sie weder gegen Hass, noch gegen Ärger, noch gegen Wut. Das würde Sie zu viel Energie kosten.
- Schauen Sie sich jeden Gedanken, der kommt, jedes Gefühl genau an. Halten Sie sich diese vor Augen. Betrachten Sie sie in Ruhe nach und nach.
- Überlegen Sie, warum Ihnen gerade jetzt diese Gedanken kommen.
- Sind sie gebunden an ein besonderes Ereignis, oder sind es Emotionen, die Sie häufig beschäftigen? Denken Sie darüber nach. Über jede einzelne Emotion.
- Sofern es negative Emotionen sind, versuchen Sie, diese in Gedanken neben sich abzulegen. Vielleicht sogar in einen imaginären Mülleimer, um so für sich zu beschließen, dass diese Emotionen Sie heute nicht mehr beschäftigen werden.
- Halten Sie sich die positiven Emotionen ebenfalls vor Augen, so lange sie Ihnen gut tun. Freuen Sie sich daran, denn sie werden Ihnen neue Energien geben.
- Machen Sie diese Übung immer dann, wenn Sie das Gefühl haben, dass Sie von Gedanken und Gefühlen zu sehr belastet sind.
- Schließen Sie die Übung mit positiven Gedanken ab.

Die mächtigen Türme der Abteikirche von Münsterschwarzach sind gerade bei Nacht sehr beeindruckend.

Überlegen Sie doch einmal, wie oft Sie im Job abgehetzt zu Besprechungen kommen oder auch zu Terminen außerhalb des Büros. Was passiert, wenn Sie sich vorher nicht wenigstens einige Minuten auf den nächsten Termin einstellen und Ihre Gedanken ordnen? Sie werden sich oft nicht klar und deutlich mitteilen können. Die Folge ist, dass Ihre Gesprächspartner Ihr Anliegen nicht verstehen und Sie selbst frustriert sind. Deshalb ist es so wichtig, immer wieder innezuhalten und seinen Emotionen nachzuspüren.

Wer sich mit Meditationen in der Art von Schwester Raphaela schwertut, kann vielleicht eine eigene Methode entwickeln, wie er in sein Inneres schauen und sich damit auseinandersetzen kann – beispielsweise Körperübungen.

Pater Jonathan ist Schulseelsorger am Gymnasium in Münsterschwarzach. Er unterrichtet Aikido, eine sanfte Verteidigungsmethode. Dieser Sport ist ein Ventil für seine Emotionen. Morgens beginnt er den Tag mit einigen Übungen und spürt sofort, wenn in seinem Körper irgendetwas blockiert ist: »Über meinen Körper komme ich sehr schnell an meinen inneren Punkt.« Ärger und Frust verarbeitet er durch körperliche Aktivitäten. Aber auch diese Methode setzt voraus, dass man sich erst einmal bewusst gemacht hat, warum diese Emotionen in einem sind.

Und noch ein Beispiel: Bruder Ethelbert ist der Küchenchef im Kloster Münsterschwarzach. Er arbeitet mit 14 Frauen zusammen. Da geht es gelegentlich hoch her. Er hat einen alltagstauglichen Tipp, den sich jeder von uns zu eigen machen kann:

» Wenn ich mich über etwas oder jemanden ärgere, nehme ich mich erst mal zurück und gehe nicht gleich auf Konfrontation. Ich schlafe eine Nacht darüber, und wenn der Ärger am nächsten Tag noch da ist, spreche ich ihn aus. «

Bruder Ethelbert

Wenn Sie trotz zahlreicher Bemühungen keine Ordnung in Ihre Emotionen bringen können, empfiehlt es sich, Ihre Gedanken einmal mit einem vertrauten Menschen zu besprechen. In den Klöstern steht der Abt als Vertrauensperson für solche Gespräche zur Verfügung. Überlegen Sie doch einmal, ob es in Ihrem Umfeld jemanden gibt, der an die Stelle des Abts treten kann.

»Ich brauche ein Gegenüber, das mich korrigieren kann. Damit ich weder zu bequem werde noch zu streng mit mir umgehe«, beschreibt es Schwester Raphaela. Was für sie als Ordensmitglied gilt, ist für uns außerhalb der Klostermauern genauso wichtig.

Die Mönche in Münsterschwarzach haben einmal im Monat Gruppengespräche. Diese Gruppen setzen sich aus Mönchen aller Altersklassen zusammen. Per Losverfahren werden sie vorher zusammengestellt, damit sich nicht immer dieselben Köpfe zusammentun. Im Kreise dieser Mitbrüder sollen neben geistigen Themen auch persönliche Dinge besprochen werden. In diesen Gesprächen entwickeln sich wichtige Impulse für den Einzelnen.

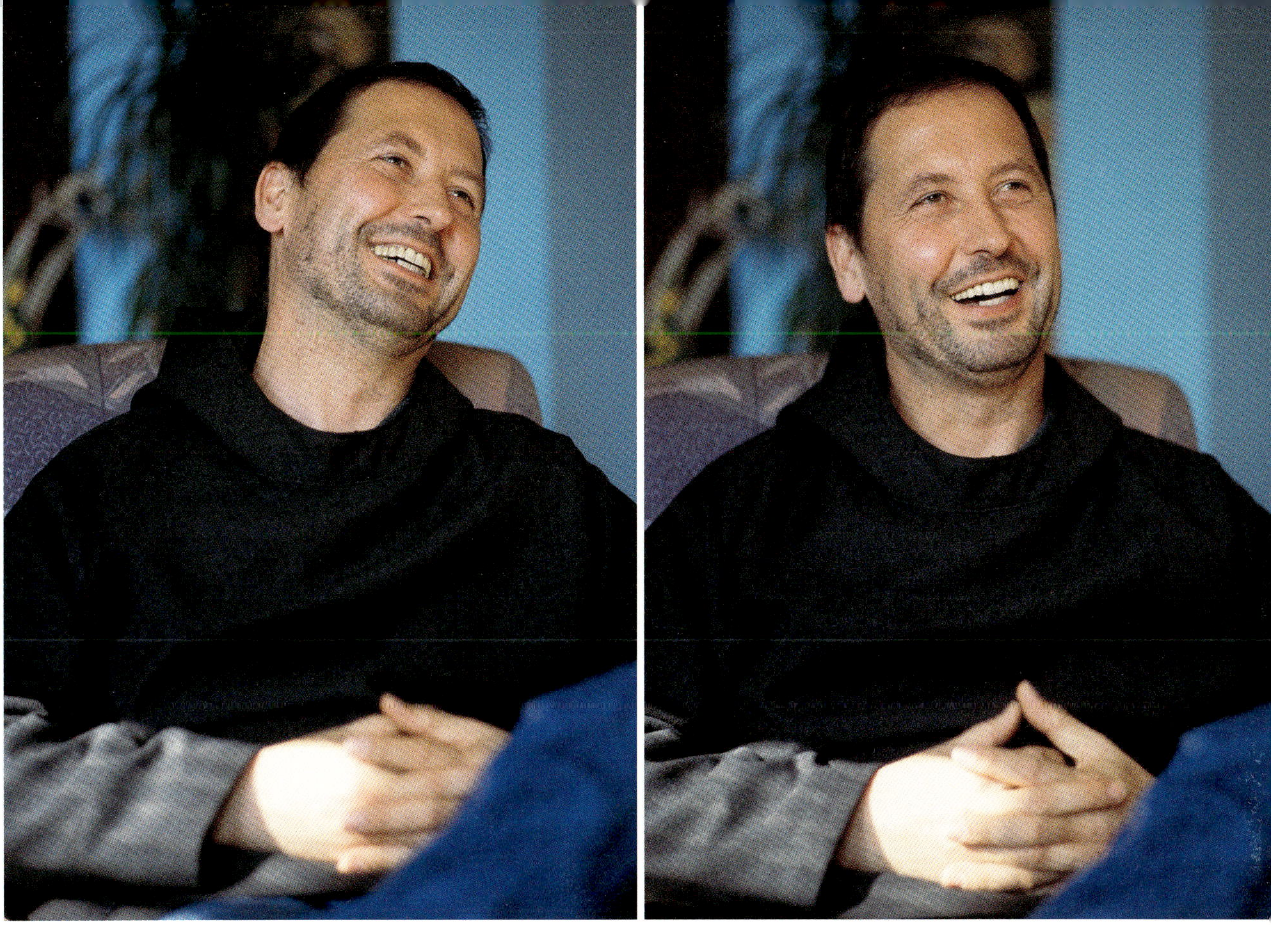

Pater Jonathan macht seine Aufgabe als Schulseelsorger sichtlich Spaß.

Ich halte dies für eine sehr sinnvolle Aktion, da man auf diese Art und Weise auch einmal Menschen zu Rate zieht, auf die man sonst nicht zuginge. Und da gibt es doch die Chance, auf ganz neue Erkenntnisse zu stoßen.

Sich von Ängsten befreien – Energien gewinnen

Emotionen und Gedanken annehmen und loslassen können bedeutet auch, seine Ängste zu akzeptieren. Der temperamentvolle, sportliche Pater Jonathan mit seiner zupackenden, fröhlichen Ausstrahlung steht inzwischen zu seinen Ängsten: »Ich bin ein zutiefst ängstlicher Mensch. Aber seit ich meine Angst als Freund akzeptiert habe, kann ich daraus Kraft schöpfen.«

Negative Eigenschaften sollte man also nicht verdrängen, sondern anschauen, beiseitelegen, sich aber nicht von ihnen bestimmen lassen. Dies ist die Voraussetzung dafür, loslassen und sich Neuem zuwenden zu können.

Lernen, mit Ängsten umzugehen

- → Akzeptieren Sie, dass auch Ängste zu Ihnen gehören.
- → Schauen Sie sich diese genau an.
- → Überlegen Sie, in welchen Situationen Sie Ängste beschleichen.
- → Sind es immer vergleichbare Momente?
- → Wenn Sie wissen, was die Ängste auslöst, können Sie sie auch besser in den Griff bekommen.
- → Schieben Sie sie gedanklich beiseite.
- → Das heißt nicht, dass sie auf immer und ewig verschwinden werden. Aber Sie können sie besser einordnen und werden sich dann nicht mehr von Ängsten dominieren lassen.

Zu sich selbst finden: annehmen, loslassen, eins werden, neu werden

Beim Eintritt ins Kloster nehmen die Ordensleute in der Regel einen neuen Namen an. Je nach Konvent können sie der Äbtissin beziehungsweise dem Abt drei oder mehr Namensvorschläge unterbreiten. Aus diesen wird dann der Klostername ausgewählt. Dadurch wird das neue Klostermitglied nicht zu einer neuen Person, aber diese Vorgehensweise demonstriert, dass im Kloster nun ein neuer Lebensabschnitt beginnt.

Diese symbolische Handlung kommt für uns nicht in Frage. Aber sie bedeutet eben auch, loszulassen vom Alten. Auf unser Leben übertragen hieße das, dass wir öfter einmal etwas Neues wagen sollten, ohne gleich unsere Identität aufzugeben.

Emotionen gehören zu unserer Selbstwahrnehmung und sind ein wesentlicher Teil von uns, aber sie sollten uns nicht ständig beschäftigen. Wir würden sonst permanent um uns selbst kreisen. Damit ginge viel Energie verloren, die wir besser dazu einsetzen sollten, etwas Neues zu entdecken und anzugehen.

Pater Edmar, Sportlehrer am Egbert-Gymnasium in Münsterschwarzach, ist ein gutes Beispiel dafür, wie man mit 71 Jahren immer noch offen für Neues sein kann: »Das Leben muss Abenteuer sein, immer etwas Neues bringen. Ich liebe das Unvorhergesehene und habe keine Angst vor Abenteuern. Ich habe großes Gottvertrauen, und bis jetzt hat Gott es gut gemacht.« Dass dieses Lebensprinzip jung hält, strahlt Pater Edmar deutlich aus. Sein Alter sieht man ihm nicht an, man würde ihn glatt für zehn Jahre jünger halten.

Was ist wichtig, was nicht? Was tut gut, was schadet?

Wer zu sich selbst gefunden hat und zu sich selbst steht, wird entdecken, was wirklich bedeutsam ist für ihn. Dies ist doch eine wichtige Basis für ein erfülltes Leben. Damit hat man die Chance, wie schon beschrieben, zwar die Meinung anderer zu hören, aber nicht von ihr abhängig zu sein. Unabhängigkeit bedeutet auch, Dinge nicht nur deshalb zu tun, um anderen zu gefallen. Und sie bedeutet, keinen Illusionen nachzuhängen.

Mit 90 Jahren Lebenserfahrung wusste Schwester Assumpta, was für sie wichtig war im Leben. Es war eine Freude, von der Lebensweisheit dieser jung gebliebenen Ordensfrau zu profitieren, denn sie war mit sich im Reinen.

Gottvertrauen ist das Lebensprinzip von Pater Edmar. Dies gibt ihm die Energie, auch mit 70 Jahren noch den Sportunterricht am klösterlichen Gymnasium zu gestalten.

Die »Assumpta-Schätze«

»Ich bin in einer sehr günstigen Lage«, erzählte mir Schwester Assumpta, »denn ich habe sieben Schätze im Depot:

- Ich bin gesund und lebe ohne Schmerzen.
- Ich bin versorgt mit allem.
- Ich bin angenommen von der Gemeinschaft.
- Ich falle niemandem zur Last.
- Ich kann denken.
- Ich kann beten.
- Ich kann glauben.«

Überlegen Sie sich doch einmal, über welche Schätze im Leben Sie verfügen. Listen Sie sie auf, vielleicht kommen Sie sogar auf noch mehr als Schwester Assumpta. Nehmen Sie Ihre Liste als Stimmungsaufheller an trüben Tagen zur Hand. Sie werden merken, dass Sie keinen Grund dazu haben, frustriert zu sein.

Rituale im Alltag

Das Leben der Mönche ist von vielen Ritualen geprägt. Da gibt es die gemeinsamen Rituale im Gottesdienst, in der Art, wie sie das Mahl zusammen einnehmen, wie sie ihre Arbeit beginnen und beenden und wie sie einander begrüßen. Benedikt ritualisiert viele Alltagssituationen der Mönche. Damit bekommt ihr Leben eine bestimmte Kultur.

Die gemeinsamen Rituale im Gottesdienst sollen den Himmel über den Mönchen öffnen. Darin richten sie sich gemeinsam auf Gott hin aus. Rituale haben häufig auch etwas Handfestes – durchaus wörtlich zu nehmen: Ich nehme eine Kerze in die Hand. Oder ein Kreuz. Ich mache eine Gebärde. Damit drücke ich aus, dass Gott Wirklichkeit ist, die man berühren kann, und die auch mich berührt. Durch Rituale vergewissern wir uns, dass unser Leben unter der Verheißung Gottes steht, dass es gelingen wird. Natürlich wissen wir, dass das Gelingen unseres Lebens nicht vom Anzünden einer Kerze abhängt. Aber indem ich bewusst eine Kerze anzünde, vergewissere ich mich, dass Gottes Licht meine Dunkelheit erleuchtet und dass mein Leben unter seinem Segen gelingen wird. Wenn vielleicht auch nicht genau so, wie ich mir das vorgestellt habe. Im behutsamen Umgang mit einer Kerze, einer Gebärde oder einem anderen Symbol drücke ich aus, dass Gott genauso achtsam und zärtlich mit mir umgeht.

Für Pater Anselm ist der Spaziergang durch die Allee hinter dem Kloster ein wichtiges Ritual.

Fixpunkte zur Orientierung

Die gemeinsamen Rituale des Alltags schaffen eine eigene Lebenskultur, eine Kultur der Achtung voreinander. Diese von den Ordensleuten geschaffene Kultur des Miteinanders hat das ganze Mittelalter bestimmt. Das Evangelium Jesu Christi wurde konkret in den Alltag übertragen, in die Art und Weise, wie die Mönche miteinander diskutierten, wie sie gemeinsam arbeiteten und wie sie sich im Alltag begegneten, wie sie auf Fehler reagierten und wie sie dankbar die Gaben genossen, die Gott ihnen im Mahl täglich schenkte.

In Ritualen werden Gefühle geäußert, die sonst nicht ausgedrückt werden. Auf diese Weise wächst der Zusammenhalt der Gemeinschaft, und es vertiefen sich die Beziehungen untereinander. Rituale vermitteln jedem Einzelnen ein Gefühl der Würde. Weil ich Bruder und Schwester Jesu Christi bin, deshalb gehen die Mitbrüder so achtsam mit mir um. Zugleich gewähren Rituale jedem Einzelnen seinen Schutzraum, denn keiner wird gezwungen, sein Innerstes zu offenbaren. Die Rituale ermöglichen durch das ausgewogene Verhältnis von Nähe und Distanz ein lebendiges Miteinander – frei von einem Aneinanderkleben und frei von der Tendenz, außen seine Bestätigung zu suchen.

Mönche kennen aber auch viele persönliche Rituale: Wie die ersten Minuten nach dem Aufstehen und die letzten Minuten vor dem Zubettgehen gestaltet werden, ist Sache des Einzelnen. Mir zum Beispiel geben diese individuellen Rituale das Gefühl, dass ich selbst lebe und nicht gelebt werde. Ich grenze mich morgens, wenn ich aufwache, von den anstehenden Terminen und von den Erwartungshaltungen meiner Mitmenschen ab. Ich beginne den Tag bewusst. Für mich ist es ein schönes Morgenritual, mit der Segensgebärde alle Menschen zu segnen, denen ich heute begegnen werde, ebenso meine Verwandten und Freunde, die mir am Herzen liegen. Ich vertraue darauf, dass all die Menschen, an die ich denke, an diesem Tag unter dem Segen Gottes stehen. Abends halte ich in der Gebärde der Schale meinen Tag Gott nochmals hin und danke für das, was gelungen ist. Ein anderes schönes Abendritual ist für mich, die Arme über der

Auch das Kruzifix vermittelt den Ordensleuten ein Gefühl von Heimat. Hier ist es ergänzt durch die Muschel der Jakobspilger.

Brust zu kreuzen, gleichsam die Tür zu schließen und den heiligen Raum in mir zu schützen. Die Ereignisse des Tages können in diesen Raum der Stille nicht eindringen. Ebenso haben Menschen keinen Zutritt, auch nicht die Erwartungen und Wünsche anderer, nicht einmal meine eigenen Sorgen und Ängste.

Deshalb schaffen Rituale für mich einen heiligen Raum, in dem ich ganz ich selbst sein darf. Und sie schaffen eine heilige Zeit, die Gott und mir gehört, über die niemand verfügen kann. Heilig ist das, was der Welt entzogen ist, worüber die Welt keine Macht hat. Vom Ursprung der Medizin wissen die Griechen: Allein das Heilige vermag zu heilen. Persönliche Rituale sind heilsam für Leib und Seele, denn sie bringen mich mit dem heilen und unverletzten Kern in mir in Berührung. Das griechische Wort für heilig heißt »hagios«. Davon abgeleitet ist das Gehege, das abgegrenzt und abgesteckt ist. In einem Gehege fühle ich mich behaglich, geschützt, geborgen.

Rituale schaffen Heimat

Rituale schaffen neben einem heiligen Raum und einer heiligen Zeit auch Heimat. Das ist gerade für meine alten Mitbrüder wichtig. Auch wenn sie alt und krank sind, wollen sie an den gemeinsamen Ritualen teilnehmen. Das betrifft die Gebetszeiten in der Kirche genauso wie die Mahlzeiten und andere gemeinsame Rituale. Rituale geben ihnen das Gefühl, dass sie ihr Leben noch selbst gestalten, sich nicht gehen lassen. Sie geben ihnen Halt. Und sie vermitteln ihnen, dass sie in Gott geborgen sind.

Rituale vermitteln nicht Heimat im nostalgischen Sinn, sondern machen das Geheimnis Gottes erfahrbar. Daheim sein kann man nur dort, wo das Geheimnis wohnt, wo Gottes geheimnisvolle Gegenwart aufleuchtet.

Aber Rituale verbinden uns auch mit den früheren Generationen. Gerade die alten Mitbrüder erzählen oft in der Rekreation, wie dieser oder jener Mitbruder ein bestimmtes Ritual erlebt und mit welchen Worten er es kommentiert hat. Und sie schwärmen noch heute von den Ritualen aus früheren Zeiten, die noch vielfältiger waren. Wenn Mönche sich heute auf jene Rituale einlassen, die schon bei ihrem Klostereintritt vor 50, 60 oder 70 Jahren gefeiert wurden, dann kommen sie mit ihrer Jugend in Berührung, aber auch mit all den Mitbrüdern, die vor ihnen den Weg des Mönchs gegangen und nun endgültig bei Gott angekommen sind.

Sich Höhepunkte schaffen

Rituale prägen natürlich nicht nur den Morgen und den Abend, sondern den ganzen Tag, sie sind Erinnerungszeichen. Wir wissen zwar, dass Gott gegenwärtig ist, aber wir sind uns dessen meist nicht bewusst. Deshalb brauchen wir kleine Erinnerungszeichen, die die äußere Wirklichkeit nach innen bringen, die Gott zu einer inneren Realität machen. Ja, wir können sagen: In den Ritualen erinnert uns Gott an sich selbst. Der hl. Augustinus meint, wir hätten Gott oft vergessen. Gott ist zwar am Grund unserer Seele anwesend. Aber im Bewusstsein ist er häufig von anderen Dingen überlagert.

Papst Benedikt XVI. zitiert die Aussage des hl. Augustinus: »Die Erinnerung an Gott verlieren heißt, das Leben vergessen.« Und er folgert daraus: »Nur wenn diese Erinnerung zurückkehrt, fangen wir überhaupt wieder an zu leben, wird das Eigentliche unseres Selbst uns wieder gegenwärtig.« (Joseph Ratzinger, Credo für heute, S. 144.) Rituale bringen die Wirklichkeit Gottes in unser Herz und in die Tiefe unseres Unbewussten. Auf diese Weise kommen wir mit unserem wahren Wesen in Berührung. Das Licht Gottes leuchtet wieder über unserem Weg und richtet uns auf.

Allein das Läuten der Kirchenglocken birgt im Kloster viele kleine Rituale in sich: Der Stundenschlag beispielsweise erinnert uns an die Gegenwart Gottes. Beim vollen Stundenschlag halten wir kurz in unserer Arbeit oder im Gespräch inne und hören auf das Zeichen, mit dem sich Gott in uns in Erinnerung ruft. Wenn die Angelus-Glocke (Seite 204) läutet, beten wir den »Engel des Herrn«. Wir denken an die Verkündigung Mariä, an ihre Bereitschaft, sich auf Gottes Willen einzulassen.

Und wir beten: »Das Wort ist Fleisch geworden und hat unter uns gewohnt.«

Rituale lassen uns Anteil haben an der Glaubenskraft früherer Mitbrüder. Insofern schenken sie uns Heimat, ein Eingebundensein in die vielen Generationen von Mönchen, die hier seit Jahrhunderten gelebt haben.

Die Klosteruhr in Münsterschwarzach erinnert immer wieder daran, dass alle Aufgaben des Tages zeitlich begrenzt sind.

Indem wir diese Worte sprechen, erahnen wir, dass Gott jetzt in diesem Augenblick unter uns wohnt. Am Freitag um 15 Uhr erinnern uns die Glocken an den Tod Jesu am Kreuz. Auch da halten wir inne, um uns an das Geheimnis der Passion und der Auferstehung zu erinnern. Am Samstagabend läuten die Glocken nach der Vesper (Seite 70) längere Zeit den Sonntag ein. Da ist der Alltag mit seiner Arbeit endgültig vorbei. Und der Sonntag als heiliger Tag mit der Feier der Auferstehung Jesu, herausgehoben aus allem Weltlichen, leuchtet schon auf. Rituale strukturieren und rhythmisieren also den Tag, die Woche und das Jahr.

Nicht nur der einzelne Tag, sondern auch die Woche und vor allem die Festzeiten des Kirchenjahres sind von zahlreichen Ritualen gekennzeichnet. Damit ist das Geheimnis der Festzeit nicht nur in der Liturgie gegenwärtig, sondern durchdringt unser ganzes Leben. So beginnen wir in der Adventszeit samstags das Abendessen im Dunkeln. Der Kantor singt das »rorate coeli«, das die adventliche Sehnsucht zum Ausdruck bringt. Dabei wird die Kerze auf dem Adventskranz angezündet. Mein persönliches Ritual während der Adventszeit ist, jeden Sonntag eine andere Bachkantate zu hören und die Botschaft des Advents durch die Musik ins Herz sickern zu lassen. Das gilt im Übrigen für viele kirchliche Feste: Ich höre die dazu passende Bachkantate, oder ich lese Texte, die mir das Wesen des Festes erschließen. Die Rituale geben der jeweiligen Zeit ihre Prägung. So wird das Jahr nie langweilig.

Rituale im Alltag

Gemeinsame Rituale – Fixpunkte zur Orientierung

Rituale werden hin und wieder belächelt. Manche Menschen halten sie für veraltet und einengend. Das mag im Einzelfall stimmen. Rituale haben aber einen entscheidenden positiven Aspekt: Sie schaffen einen Verhaltenskodex, an dem sich alle orientieren können.

Das Klosterleben besteht aus unserer Sicht aus einer großen Anzahl von Ritualen. Vieles können wir nicht immer so ganz nachvollziehen. Aber sie geben den Menschen, die sich für das Ordensleben entschieden haben, ein klares Verhaltenskorsett. Für eine Gemeinschaft, die aus ganz unterschiedlichen Menschen zusammengewürfelt ist, ist so etwas unabdingbar, um Reibungsverluste zu vermeiden. Wenn in einem Konvent jeder seinen eigenen Tagesrhythmus pflegen würde, würde die Gemeinschaft auseinanderbrechen. Und schließlich haben sich die Ordensleute dafür entschieden, in einem Kreis mit anderen Menschen zusammenzuleben. Um dieses Zusammenleben dann auch wirklich zu praktizieren – bei Tisch, beim Gebet, bei der Rekreation – muss sich jeder an einen bestimmten Verhaltenskodex halten.

Für die älteren Ordensmitglieder, die schon seit Jahrzehnten im Kloster sind, ist das keine Frage mehr. »Ich halte mich an die klösterliche Ordnung, denn sie trägt mich. Gebets- und Essenzeiten einzuhalten, ist für mich sehr wichtig«, sagt

Damit Sie am Morgen besser aufstehen können

Wenn auch Sie Probleme haben, morgens aus den Federn zu kommen, bauen Sie sich doch einfach Brücken, die es Ihnen erleichtern:

- → Stellen Sie sich den Sonnenaufgang am Strand vor.
- → Lauschen Sie den imaginären Wellen.
- → Lassen Sie sich von Ihrer »inneren Sonne« wecken. So haben Sie gleichzeitig ein wunderschönes Morgenritual.

Ärmelschoner am Computer. Auch im Kloster hat die moderne Technik Einzug gehalten, aber alte Attribute haben teilweise überlebt. Die Priorin Schwester Mechtild bei der Verwaltungsarbeit.

die 70-jährige Schwester Mechtild, die seit ihrem 22. Lebensjahr im Kloster Waldsassen lebt und dort als Priorin unter anderem Verwaltungsarbeiten erledigt.

Etwas gewöhnungsbedürftig ist das Ganze für die 21-jährige Schwester Bernadette: »Das frühe Aufstehen ist für mich immer noch ein Problem. Zu Hause hätte ich es nicht geschafft, morgens um 4.30 Uhr auf der Matte zu stehen. Aber hier muss ich's, das ist gar keine Frage. Ich habe ja seit meinem 14. Lebensjahr die Berufung ins Kloster gespürt. Seit ich hier bin, weiß ich, hier ist mein Platz. Und das trägt mich, auch die autoritäre Struktur hier zu akzeptieren.« Schwester Bernadette ist zwei Wochen nach ihrem Abitur ins Kloster eingetreten. Vom geregelten Schulalltag ins Kloster – diesbezüglich war die Umstellung für sie nicht so groß.

> *Der klösterliche Rhythmus und die damit verbundenen Rituale sind für mich sehr hilfreich. Sie geben meinen Tagen und der Gemeinschaft einen Rahmen.*
>
> Pater Meinrad

Doch nicht nur in klösterlichen Strukturen sind Rituale sinnvoll, sondern überall dort, wo Menschen zusammenleben. Rituale schaffen eine Form von Kultur, deshalb sind sie ganz wichtig für unser Leben – bei der Begrüßung beispielsweise, beim Essen, in der Arbeitswelt. Ohne Rituale würde sich unser Zusammenleben chaotisch und frustrierend gestalten. Rituale sind daher nicht einengend, sondern vereinfachen das Zusammenleben. Sie geben dem Einzelnen Sicherheit, da er weiß, wie er sich in bestimmten Situationen zu verhalten und was er von anderen zu erwarten hat.

Überlegen Sie doch einmal, wie unsicher wir uns manchmal in anderen Kulturkreisen fühlen. Bei der Begrüßung in Indien beispielsweise wäre es ein Affront, sein Gegenüber auf beide Wangen zu küssen. In China schmatzen die Menschen beim Essen und werfen Essensreste auf den Boden. Weil wir diese Verhaltenskodizes nicht kennen, fühlen wir uns dort ausgeschlossen.

Wer dagegen die Rituale einer Gemeinschaft verinnerlicht hat, gehört dazu. Es besteht eine unausgesprochene Bindung, die dem Einzelnen Sicherheit und Gelassenheit gibt, da er weiß, wie er sich zu verhalten hat.

Rituale erleichtern das Miteinander

Verständigen Sie sich auch zu Hause auf bestimmte Rituale. Gerade in Partnerschaft und Familie ist das sehr wichtig, denn es bringt viele Vorteile:

- → nicht immer wieder über dieselben Abläufe und Verhaltensweisen diskutieren zu müssen;
- → zu wissen, dass man sich aufeinander verlassen kann;
- → sicher zu sein, dass man zu bestimmten Zeiten für die Gemeinschaft zur Verfügung steht;
- → sich als Gemeinschaft zu fühlen.

Zwei Freunde im Kloster. Rund 50 Kilometer legen Bruder Hugo (links) und Bruder Leander (rechts) täglich gemeinsam mit dem Fahrrad zurück.

Persönliche Rituale

Rituale sind nicht nur für eine Gemeinschaft wichtig, sondern auch für einen persönlich. Wie stehe ich auf, wie beginne ich den Tag, wie schließe ich ihn ab? All dies sind Dinge, über die wir meist nicht mehr nachdenken, die wir quasi im Schlaf verrichten, die aber dennoch entscheidend sind für die Tagesgestaltung und die eigene Befindlichkeit.

Schwester Assumpta begann ihren Tag mit einer kalten Dusche. Das brachte die 90-Jährige auf Trab, auch wenn sie bei der Beschreibung dieses morgendlichen Rituals noch vor Kälte zusammenzuckte. Eine Stunde genehmigte sie sich fürs Waschen und Anziehen, eine weitere Stunde betete und meditierte sie, bereits vor dem ersten Chorgebet des Tages.

Bruder Leander, verantwortlich für die KFZ-Werkstatt im Kloster Münsterschwarzach, ist ein persönliches Ritual am Ende des Tages ganz wichtig: Der 75-Jährige spielt viermal pro Woche mit zwei Mitbrüdern am Abend Skat. Darauf freut er sich jedes Mal.

Bruder Hugo (77) freut sich auf die rund 50 Kilometer auf seinem Fahrrad, die er seit zwölf Jahren normalerweise nach der Mittagsruhe mit Bruder Leander zurücklegt. Den beiden nicht mehr ganz jungen Ordensbrüdern ist dieses tägliche Ritual so wichtig, dass Bruder Leander am Nachmittag des Tages, an dem er von einem Krankenhausaufenthalt zurückkam und eigentlich mit mir zum Gespräch verabredet war, wieder auf dem Drahtesel saß und vorübergehend unauffindbar war.

Bruder Nicolas, der 37-jährige EDV-Fachmann in Münsterschwarzach, freut sich auf das tägliche Trommeln mit den Schülern des Egbert-Gymnasiums nach der Mittagspause. Die lautstarke Aktion bedeutet für ihn Abwechslung und Entspannung.

Persönliche Rituale gehören nur Ihnen. In dieser Zeit dürfen Sie sein, wie Sie möchten, und tun, was Ihnen Freude macht. Deshalb ist es – bei aller Routine – wichtig, sich die Rituale immer wieder einmal vor Augen zu halten. Sie bewusst wahrzunehmen, aber auch hin und wieder zu prüfen, ob sie Ihnen nach wie vor gut tun. Manchmal muss man sogar ein neues Ritual finden.

Gerade für alte Menschen sind Rituale feste Stützpfeiler ihres Lebensabends. Dies demonstrierten die beiden Ordensschwestern Assumpta und Mechtild. Sie spielten jeden Tag nach dem Mittagessen eine Partie Halma, um geistig fit zu bleiben. »Meistens gewinne ich«, flüsterte mir Schwester Mechtild augenzwinkernd zu, »wenn nicht, bin ich frustriert und strenge mich beim nächsten Mal mehr an.«

Sich Höhepunkte schaffen

Feste sind Rituale einer Gemeinschaft und Höhepunkte im Jahreslauf. Oder sie sollten es zumindest sein. Leider sind sie manches Mal zur Last geworden, da sie vom Konsum bestimmt sind. Weihnachten und Ostern beispielsweise sind vielfach nur noch Kommerzveranstaltungen. Im Ursprung aber waren sie etwas Freudiges.

Und so sehen es die Ordensleute noch heute. »Weihnachten hat mich hier im Kloster mehr bewegt als früher zu Hause«, sagt die 27-jährige Schwester Raphaela, die noch nicht lange im Kloster ist. Für sie ist dieses Fest ein Höhepunkt des Kirchenjahres.

» Die kirchlichen Hochfeste sind für mich die Höhepunkte im Jahr, aber auch die Rekreation am Sonntag. Darauf freue ich mich, und Freude ist doch etwas Wichtiges im Leben. So wird es nie langweilig. «

Schwester Mechtild

Auch wir sollten uns Höhepunkte im Jahreslauf setzen und immer wieder vor Augen halten. Dabei müssen es nicht die großen kirchlichen Feste sein. Auch mit kleineren Anlässen kann man sich Höhepunkte schaffen. Mit einem besonderen Abschluss der Arbeitswoche beispielsweise, einem Ritual zu Beginn des Wochenendes, auf das man sich freut. Mit einem Sonntagnachmittag mit der Familie: »Am Wochenende haben wir in der Familie immer einen Nachmittag zusammen verbracht«, erzählt Schwester Bernadette. Auch im Kloster Waldsassen halten es die Schwestern so. Sonntagnachmittags ist gemeinsame Rekreation, also Erholung, angesagt. Je nach Wetterlage vergnügen sich die Schwestern mit Brettspielen oder grillen im Garten.

Höhepunkte im Jahreslauf müssen also keine großen Feste sein. Oft sind es die kleinen Dinge – der Cappuccino am Urlaubsort, der Saunabesuch am Freitagabend, das sonntägliche Frühstück – auf die man sich besonders freuen kann. Höhepunkte können also sowohl unerwartete Überraschungen als auch kleine Gewohnheiten sein, die sich vom Alltag abheben.

Ruhepole

Aus dem Hamsterrad aussteigen

Das Leben der Mönche ist nicht einfach geruhsam. Sie stehen auch in harter Arbeit. Dennoch bietet die Tagesordnung Gelegenheit, aus dem Hamsterrad der Arbeit und der Erwartungen der Umwelt auszusteigen. Da sind einmal die täglichen Gebetszeiten – schon ein Luxus, den sich die Mönche gönnen, die ja von ihrer eigenen Hände Arbeit leben sollen. Dennoch lassen sie diese ruhen und widmen sich gemeinsam dem Singen und Feiern. Sie tauchen in eine andere Welt ein. Der Himmel öffnet sich über ihnen und relativiert die Arbeit.

Die Meditation

Der hl. Benedikt sieht täglich drei Stunden für die Meditation vor. Er nennt sie »lectio divina«, Lesung der Heiligen Schrift. Dabei geht es nicht um das Studieren, sondern um das ruhige Verweilen beim Wort der Schrift. Das Wort soll ins Herz einsinken, und der Mönch soll mit seinem inneren Raum der Stille in Berührung kommen, mit dem Schweigen jenseits der Worte. Eine Zeit der Ruhe gönnt sich der Mönch täglich – auch wenn er noch so viel zu tun hat.

Schwester Agnes zieht sich zur Meditation in den Chor der Klosterkirche zurück.

Heute dauert sie nicht mehr drei Stunden, doch eine Stunde sollte man sich täglich für die Lesung und die Meditation schon nehmen. Aber jeder muss seinen eigenen Weg finden, der ihm Ruhe verschafft und ihn mit der inneren Ruhe in Berührung bringt. Ich nehme mir nach der Morgenhore (Seite 205), die schon um 5.05 Uhr beginnt, 25 Minuten Zeit für meine persönliche Meditation: Ich setze mich vor eine Christusikone, zünde eine Kerze an und meditiere mit dem Jesusgebet. Mit jedem Atemzug verbinde ich die Worte: »Herr Jesus Christus (beim Einatmen), Sohn Gottes, erbarme dich meiner (beim Ausatmen).« Diese Worte führen mich in den inneren Raum der Stille, in dem Christus selbst in mir wohnt, ein Raum von Liebe und Barmherzigkeit, von Wärme und Zärtlichkeit. Dort fühle ich mich daheim.

Im Ein- und Ausatmen lasse ich die Liebe Gottes, eine unerschöpfliche Quelle, in mein Herz und von dort aus in alle Bereiche meines Leibes und meiner Seele fließen. Vor allem in die ungeliebten Bereiche meines Inneren, in denen sich Groll und Unzufriedenheit breit machen. Es ist wie ein Reinigungsprozess: Die bitteren und hasserfüllten Gedanken, die Oberflächlichkeit, die Rachegefühle werden von der Liebe Gottes durchdrungen. Die Meditation schafft Klarheit. Sie vertreibt die dunklen und bösen Geister aus meiner Seele, damit sie von Frieden und Barmherzigkeit erfüllt wird.

Das Lesen

Nach dem Frühstück lese ich täglich eine dreiviertel Stunde. Für mich ist das Lesen etwas Heilsames. Das scheint es auch für andere Menschen zu sein. Denn man spricht heute von Bibliotherapie, Therapie durch das Lesen. Beim Lesen tauche ich ein in eine andere Welt, es ist keine Scheinwelt. Sie ist vielmehr genauso real wie die Welt der Verwaltung, in die ich nach dem Lesen eintrete. Worte schaffen eine Wirklichkeit. Ich versuche, in den Worten die Erfahrung zu erspüren, die Menschen dazu gebracht hat, solche Worte zu schreiben.

Ich finde keine schönere Beschreibung für die Wirkung des Wortes als die bei Henri Nouwen (katholischer Priester und Autor, 1932–1996): »Ohne das Wort, das uns immer wieder aufrichtet, ... bleiben oder werden wir kleinkarierte Menschen, die im Sumpf ihrer kleinlichen Beschwerden steckenbleiben, die der tägliche Kampf ums Überleben mit sich bringt. Ohne das Wort, das unsere Her-

Im Kapitelsaal des Klosters Waldsassen wird die tägliche Morgenlesung gehalten.

zen brennen macht, können wir kaum mehr tun, als heimgehen und zu dem resignierten Schluß kommen, es gebe nichts Neues unter der Sonne. Ohne das Wort hat unser Leben wenig Sinn, wenig Vitalität und wenig Energie.« (Henri Nouwen, Die Kraft seiner Gegenwart, S. 44.)

Ruhepole

Aus dem Hamsterrad aussteigen

Die Hektik des Tages treibt die meisten Menschen außerhalb der Klostermauern permanent an. Ob gewollt oder ungewollt, selbst gemacht oder aufgestülpt – der Tag besteht aus einer Folge von Aufgaben, die zu erledigen sind. Zeit zum Nachdenken bleibt meist wenig.

Viele Menschen beklagen, kaum noch zum Durchatmen zu kommen, zu wenig Zeit für sich selbst zu haben. Sie werden aber hektisch, wenn der Terminkalender einmal nicht voll ist. Sind sie vielleicht nicht mehr so gefragt?

Genau wie bei den Ordensleuten würde es sicherlich auch in unserem Alltag Sinn machen, regelmäßig innezuhalten. Denn, ehrlich gesagt, wir arbeiten doch unsere tägliche Aufgabenliste, unsere Arbeitspflichten oft genug ab, ohne sie zu hinterfragen. Hin und wieder eine Pause zum Atemholen und Nachdenken, das wäre sicher gut. Aber leichter gesagt als getan.

Der Arbeitsalltag von Pater Anselm ist auch vollgepackt. Sein Terminkalender gleicht dem eines Topmanagers. Man fragt sich, wie er seine Aufgaben überhaupt alle bewältigen kann. Trotzdem hält er seine Gebetszeiten ein und strahlt eine unglaubliche Ruhe aus. Also muss etwas dran sein an diesem klösterlichen Lebenskonzept.

Pater Anselm erwähnt die Gebetszeiten, die es den Mönchen erlauben, aus der Tageshektik für eine Weile auszusteigen. Nur – die Klostermitglieder werden durch die Kirchenglocken daran erinnert, dass es nun Zeit ist zum Gebet. Sie sind zu diesen Zeiten des Innehaltens geradezu verpflichtet. Aber können wir uns außerhalb der Klostermauern einen solchen Luxus leisten?

Nach dem Vorbild der Mönche können auch wir Ruhepole in unseren Tag einbauen. Pausen, die uns erlauben, Atem zu holen. Doch wie bekommt man das realistisch auf die Reihe? Die Erfahrung zeigt: Wenn man sich zu viel vornimmt, lässt man es schnell wieder sein. Also ist es sinnvoll, in kleinen Schritten vorzugehen. Wie Schwester Mechtild, als Priorin (Seite 205) Stellvertreterin der Äbtissin, die mir sagt: »Ich möchte meine Sachen in Ruhe machen, Schritt für Schritt, dann verliere ich nicht den Überblick.«

Der erste Schritt für uns sollte sein, sich einmal vor Augen zu halten, wie der eigene normale Alltag aussieht. Am besten macht man dies schriftlich.

Der reale Tagesablauf

→ Setzen Sie sich einmal in Ruhe hin und notieren Sie die einzelnen Phasen Ihres üblichen Tagesablaufs.

→ Schauen Sie sich genau an, welche Aufgaben oder Aktivitäten wirklich notwendig und sinnvoll sind.

→ Worauf können Sie verzichten? Womit schlagen Sie eigentlich nur die Zeit tot?

Der ideale Tagesablauf

- → Machen Sie sich einen Plan, wie der ideale Tagesablauf aussehen könnte.
- → Es geht nicht darum, sich vor Aufgaben zu drücken, sondern darum, kleine Ruhepole einzubauen, in denen man Energie für die Anforderungen des Tages tanken kann.
- → Wann könnten diese Ruhepole sein? Am sinnvollsten wären doch ein Atemholen am Morgen, eine Pause am Mittag und eine Rückbesinnung auf den Tag am Abend.
- → Wie viel Zeit können (und wollen) Sie dafür einplanen?
- → Realistisch planen. Wenn Sie zu große Zeitspannen für Ruhepole einplanen, besteht die Gefahr, dass Sie sie schnell wieder fallen lassen. Zehn Minuten dagegen kann man immer abzwacken.
- → Sehen Sie diese Phasen nicht als zusätzliche Pflichtveranstaltungen des Tages, sondern als Zeit, die Sie sich selbst gönnen.

Wenn man etwas schwarz auf weiß hat, zeigt sich oft schon, wo der Knackpunkt liegt. In diesem Fall, wo man unnötig Zeit investiert, die man wesentlich sinnvoller nutzen könnte.

Der nächste Schritt ist nun, sich zu überlegen, wie man den Tag besser gestalten kann. Wo kann man Ruhepole einbauen, vielleicht sind sogar kurze Meditationszeiten möglich. Pater Anselm beschreibt in seinem Tagesablauf ja, wie er es persönlich praktiziert. Überlegen Sie sich doch einmal, wie Sie von seinen Tipps profitieren können.

Überlegen Sie, wie der Morgen bei Ihnen aussieht. Für viele Menschen fängt da bereits die Hektik an. Wie die Mönche ihren Tag mit einer Gebetszeit beginnen, können auch wir den Morgen in Ruhe angehen lassen. Pater Anselm steht um 4.30 Uhr auf. Das ist sicherlich nicht jedermanns Sache und auch nicht notwendig. Aber könnten Sie Ihren Wecker nicht 15 Minuten früher einstellen, damit Sie morgens einfach mehr Ruhe haben?

In der geschenkten Zeit am Morgen kann man zum Beispiel eine Viertelstunde Yoga machen oder meditieren oder einfach 15 Minuten nachdenken über das, was an diesem Tag vor einem liegt. Was wichtig ist in den nächsten 24 Stunden und wie man es bewältigen kann.

Der Ruhepunkt am Morgen kann auch das Frühstück sein. Ohne Hektik, nicht im Stehen. So wie die Mönche den Tag mit Gesang beginnen, kann man sich auch mit Musik einstimmen. Allerdings mit kontemplativer, nicht mit hektischen Disco-Hits. Pater Anselm liest nach dem Frühstück 45 Minuten. Ganz schön viel Zeit. So viel muss es ja nicht sein, aber zehn Minuten mal in die Zeitung schauen, das wäre doch auch ein kleiner Luxus, den man sich vielleicht gönnen könnte.

Die Ordensleute haben ihre nächste Gebetszeit am Mittag. In der Regel rufen die Glocken um 12 Uhr zur Mittagshore. Danach folgt die gemeinsame Mahlzeit. In vielen Klöstern schweigt man dabei. Manchmal liest eine Mitschwester oder ein Mitbruder vor. Danach ziehen sich die Nonnen und Mönche zur Mittagsruhe zurück. – »Purer Luxus«, schießt es einem da ganz spontan durch den Kopf.

Das Refektorium des Klosters Waldsassen besticht durch seine schlichte Schönheit. An der Stirnseite der Tafel in der Mitte ist der Platz der Äbtissin.

»Für mich völlig undenkbar.« Wie sieht die Mittagspause bei Ihnen aus – falls es eine gibt und Sie nicht nur einen Snack vor dem Computer herunterschlingen? Fühlen Sie sich nach der Unterbrechung erholt, fit genug, um die Aufgaben des Nachmittags zügig zu erledigen?

Nach den Arbeitsstunden am Vormittag macht eine ordentliche Pause durchaus Sinn. Auch wenn es vielleicht immer Argumente gibt, einfach weiterzuarbeiten. Weil man etwa gerade gut in einer Sache drin ist, weil die Zeit drängt, weil man sowieso keinen Hunger hat und so weiter.

Auch die Menschen im Kloster müssen ihre Tätigkeit zur Mittagshore unterbrechen. Auch sie lassen ihre Arbeit ruhen. Konzentrieren sich auf das Gebet, das Essen und ziehen sich dann zurück. »Nicht immer ist mir nach Chorgebet«, sagt Schwester Agnes, »manchmal sitze ich es nur ab. Aber ich versuche, mich zu konzentrieren.« Ist dies der Grund, warum die Ordensleute so viel Ruhe ausstrahlen? Warum nicht einfach mal ausprobieren!

Es gibt ein paar kleine Tricks, die man sich vom Klosterleben abschauen kann: Legen Sie die Mittagspause immer zur gleichen Stunde ein. Dann geraten Sie nicht in Gefahr, sie heute um zwölf Uhr, morgen um halb zwei und übermorgen vielleicht gar nicht zu machen. Im Übrigen ist es auch gesünder, die Mahlzeiten möglichst immer zur gleichen Tageszeit einzunehmen. Verabreden Sie sich mit Kollegen, essen Sie gemeinsam – wie die Mönche. Dann geraten Sie auch nicht in Gefahr, das Essen einfach zu vergessen. Nehmen Sie sich ruhig auch ein bisschen mehr Zeit. Durch Entspannung und Ruhe laden Sie Ihren Akku wieder auf und holen diese Zeit durch konzentriertes Arbeiten am Nachmittag leicht herein, sind somit auch für Ihren Arbeitgeber »produktiver«. Übrigens: In vielen Ländern, zum Beispiel in Südeuropa und auch in Frankreich, geben sich die Menschen nicht mit einem kurzen Hinunterschlingen der Mahlzeit zufrieden, sondern gehen in aller Ruhe essen. Das gilt in diesen Ländern auch für die Mitarbeiter großer, globalisierter Konzerne. Ihre Arbeit tun sie dennoch.

Und wie sieht der Abend im Kloster aus – und wie bei Ihnen zu Hause? Die Ordensleute ziehen sich in der Regel nach dem Nachtgebet – der Komplet – zurück. Aber jede Regel hat ihre Ausnahme, und auch Klostermenschen haben Abendveranstaltungen. Pater Anselm sogar besonders viele. Wie schafft er es dennoch, am nächsten Morgen ausgeruht zu sein? Noch dazu, wenn sein Morgen um 4.30 Uhr beginnt.

Zum Abschluss des Tages

- → Der Abendspaziergang ist ein idealer Tagesabschluss. Draußen kann man den Tag noch einmal Revue passieren lassen. Der Kopf wird frei, man tankt frische Luft, hat Bewegung und schläft anschließend besser.
- → Es muss nicht lang sein, 15 Minuten reichen oft schon aus.
- → Die unangenehmen Dinge sollte man gedanklich ablegen. Es genügt, wenn man sich am nächsten Tag das Problem nochmals vornimmt.
- → Die positiven Dinge des Tages sollte man dagegen gedanklich hervorheben.
- → Und mit einem positiven Gedanken den Tag abschließen, dann schläft es sich leichter.

Das Geheimnis liegt darin, den Tag abzuschließen, bevor man sich hinlegt. Unbelastet zu Bett zu gehen. Auch wenn man abends Einladungen, Veranstaltungen oder sonstige Verpflichtungen hat, tut man sich nichts Gutes, wenn man sofort danach ins Bett fällt. Denn man nimmt die Hektik des Tages mit in die Nacht und schläft entsprechend unruhig. Man hat den Tag nicht abgeschlossen.

Wer am Abend nicht mehr raus mag, kann sich auch vor dem Zubettgehen noch einmal zehn Minuten in Ruhe hinsetzen und sich überlegen, wie der Tag gelaufen ist. Die Zeit, die man hierfür investiert, lohnt sich, denn dies ist allemal besser, als sich grübelnd im Bett herumzuwälzen.

Und noch ein Tipp, den man sich von den Ordensleuten abschauen kann: Genauso wie die festen Zeiten am Morgen und zu Mittag, ist es für den Körper auch besser, wenn man – falls möglich – meist zur gleichen Zeit ins Bett geht.

Wenn man einen solchen Tagesrhythmus einmal eine Weile konsequent einhält, merkt man, dass durch die Ruhephasen am Tag keine Zeit verloren geht, sondern Zeit gewonnen wird. Weil man in eine andere Welt eintaucht, wenn man Pause macht, und dann mit neuen Kräften wieder an die Arbeit geht. Und die »Arbeitsergebnisse« leiden gewiss nicht darunter.

Die täglichen Ruhepole sollte man als Fixtermine ansehen und als eine Verpflichtung sich selbst gegenüber. Wer dies täglich übt, wird nach einer Weile merken, dass dies keine lästigen Pflichten sind, sondern Zeiten, von denen man im höchsten Maße profitiert.

Die Meditation

Die Meditation ist eine Form, sich von der Hektik der Außenwelt abzuschotten, in sein Inneres zu schauen und ganz bei sich zu sein. Pater Anselm beschreibt sehr anschaulich, wie er in seinen inneren Raum der Stille gelangt. Aber wie schafft dies jemand, der nicht auf eine 40-jährige Meditationserfahrung zurückblicken kann?

Meditation ist zwar keine Kunst, aber man muss sie lernen. Und das geht nicht von heute auf morgen. Mit ein wenig Übung kann man sich nach einer Weile ohne Probleme in sich zurückziehen. Man darf nur am Anfang nicht die Geduld verlieren.

Meditationsübung

Die Meditation können Sie auf dem Rücken liegend ausführen oder auch im Sitzen.

→ Beim Liegen die Arme von sich strecken, Beine leicht gegrätscht.

→ Beim Sitzen eine bequeme Haltung einnehmen, die es ermöglicht, unverkrampft etwa zehn bis fünfzehn Minuten in der gleichen Stellung zu bleiben. Dabei den Rücken nicht anlehnen, sondern besser auf der Vorderkante des Stuhls gerade aufgerichtet verharren. Hände nach oben geöffnet in den Schoß legen, ähnlich einer Schale.

→ Die Gedanken voll auf den Körper konzentrieren.

→ Nun die einzelnen Körperteile »gedanklich mit Licht erfüllen«. Beginnend mit dem Becken, ein wenig verharren. Dann die Gedanken zum rechten Oberschenkel wandern lassen, von dort zum rechten Knie und dann zum rechten Unterschenkel. Immer wieder gedanklich innehalten.

→ Das Gleiche mit dem linken Bein: an Oberschenkel, Knie und Unterschenkel langsam gedanklich entlanggleiten und diese Partien »mit Licht erfüllen«.

→ Danach geht es weiter mit dem Oberkörper, der Schulterpartie, den Armen und dem Kopf.

→ Wenn wir das Gefühl haben, unser Körper ist mit Licht erfüllt, können wir uns ganz auf unser Innerstes konzentrieren: Was bewegt mich, was belastet mich, was macht mir Freude? Wie kann ich die dunklen Dinge aus meinem Leben beseitigen?

→ Oder auch: Wie kann ich helfen? Welcher Mensch braucht meine Unterstützung? Mit positiven Gedanken sollten Sie sich voll auf diesen anderen Menschen konzentrieren.

Jeder hat seine ganz persönlichen Rückzugsorte. Im Atelier von Pater Meinrad.

Wichtig, vor allem für Meditationsbeginner, ist ein Ort, an dem man ungestört und für sich alleine sein kann. Dann sollte man eine Mindestzeit für die Meditationsphase festlegen. Zehn Minuten volle Konzentration reichen erst einmal aus. Wenn Sie möchten, stellen Sie sich einen Wecker.

Meditation ist nicht schnell so nebenbei erlernt. Sie gelingt nicht von Anfang an und auch später nicht immer. Das geht auch versierten Ordensleuten so. Gehen Sie deshalb geduldig mit sich um. Wenn Sie jedoch die Meditationstechnik einmal beherrschen, wird sie zum Lichtblick und kann auch dazu verhelfen, in der Hektik des Tages nicht unterzugehen.

Das Lesen

Wie die Meditation ein Eintauchen in unser Innerstes, ist das Lesen ein Eintauchen in eine andere Welt. In beiden Fällen konzentrieren wir uns auf etwas, schotten uns von der Umwelt ab. Beides geschieht schweigend.

Das Lesen gibt uns die Chance, uns mit anderen Gedanken vertraut zu machen, etwas Neues zu lernen, den Horizont zu erweitern. Dies trägt auch dazu bei, nicht zu sehr um den eigenen Kosmos zu kreisen. Die Mönche haben ihre täglichen

Lesungen – vorgelesen wird in vielen Klöstern beispielsweise vor dem Tischgebet oder auch während der Mahlzeiten. Aber jeder Mönch liest auch für sich allein. Dies ist in den Ordensregeln fest verankert.

Genauso können auch wir außerhalb der Klostermauern unsere täglichen Ruhepole als Lesephasen gestalten. Mit Literatur, die uns die Chance gibt, abzuschalten und uns mit neuen Gedanken auseinanderzusetzen. Schritt für Schritt, Kapitel für Kapitel. Wie es die Mönche im Refektorium oder in ihrem privaten Bereich tun.

Klosterregeln – für jeden ein Gewinn

Ein besonderer Gewinn ist das Lesen alter Klosterregeln – auch für Menschen, die keiner Religionsgemeinschaft angehören.

Nehmen Sie sich beispielsweise einen bestimmten Themenbereich aus der Regel des hl. Benedikt vor. Oder lesen Sie die Regel des Aurelius Augustinus. Sie werden erstaunt sein, was diese beiden Ordensgründer vor Jahrhunderten als Verhaltenskodex für Führungskräfte festlegten oder wie sie das Leben in der Gemeinschaft regelten. Ihre Anweisungen haben auch heute noch Gültigkeit und enthalten wertvolle Tipps für den eigenen Alltag.

Das Hören

Die Regel Benedikts beginnt mit dem Wort »Höre, mein Sohn, auf die Weisung des Meisters, und neige das Ohr deines Herzens, nimm den Zuspruch des Vaters willig an und erfülle ihn durch die Tat.« (Die Benediktusregel, Prolog 1.) Diese Worte erinnern an das Glaubensbekenntnis Israels im Buch Deuteronomium (6,4), einem der fünf Bücher Mose im Alten Testament: »Höre, Israel! Jahwe, unser Gott, Jahwe ist einzig.«

Glauben kommt vom Hören, sagt Paulus. Es geht nicht nur darum, äußerlich Worte zu hören, sondern sie ins Herz eindringen zu lassen, damit sie es umgestalten. Für die Griechen ist Hören der affektivste Sinn, denn: Ich höre nie nur Worte, sondern immer auch die Stimme dessen, der zu mir spricht.

Friedrich Nietzsche meint, wir sollten hinter den Worten die Musik und hinter der Musik die Leidenschaft und hinter der Leidenschaft die Person heraushören, die zu uns spricht. Für Benedikt ist Jesus Christus selbst der Meister. Ihn sollen wir hören. Das Hören seiner Worte hat – wie im Johannesevangelium zu lesen ist – drei Wirkungen:

Die erste Wirkung bezieht sich auf das ewige Leben: »Wer mein Wort hört und dem glaubt, der mich gesandt hat, hat das ewige Leben; er kommt nicht ins Gericht, sondern ist aus dem Tod ins Leben hinübergegangen.« (NT, Evangelium nach Johannes 5,24.) Im Wort Jesu hören wir das Unhörbare mit, etwas, das diese Welt übersteigt und schon hineinreicht in die ewige Welt. Wenn wir das Wort Jesu in unserem Herzen aufnehmen, dann spüren wir, was ewiges Leben bedeutet. Es ist nicht nur das Leben nach dem Tod. Es ist die Erfahrung, die wir hier immer wieder machen dürfen, dass wir ganz im Augenblick sind, in dem Zeit und Ewigkeit zusammenfallen. Wenn wir durch das Wort Jesu dieses ewige Leben spüren, verliert sich in uns die Angst vor dem Tod.

Die zweite Wirkung ist die der Reinigung: »Ihr seid schon rein durch das Wort, das ich zu euch gesagt habe.« (NT, Evangelium nach Johannes 15,3.) Wenn wir die Worte Jesu aufmerksam hören, dann reinigen sie uns von all den negativen Worten, die unsere Seele beschmutzen. Wir fühlen uns im Einklang mit uns selbst. Es gibt Menschen, denen man lange und mit großer Freude zuhören kann, bei denen das Zuhören gut tut. Wo man sich hinterher wie aufgeräumt fühlt. Bei diesem Hören komme ich in Berührung mit dem Lauteren und dem Klaren in mir selbst.

Als dritte Wirkung beschreibt Johannes die Freude, die die Worte Jesu in uns hervorrufen: »Dies habe ich euch gesagt, damit meine Freude in euch ist und damit eure Freude vollkommen wird.« (NT, Evangelium nach Johannes 15,11.) Im Wort Jesu dringen seine Gefühle in uns ein. Seine Freude, die aus seinen Worten spricht, erfüllt uns und bringt uns mit der Freude in Berührung, die schon auf dem Grund unserer Seele bereit liegt.

Benedikt fordert seine Mönche vor allem im Prolog immer wieder auf, auf Gottes Stimme zu hören. »Hören wir mit aufgeschreckten Ohren, was uns die Stimme Gottes täglich mahnt und aufruft: Heute, wenn ihr seine Stimme hört, verhärtet eure Herzen nicht!« (Die Benediktusregel, Prolog 9f.) Deshalb hat das Hören für den Mönch immer eine heilende Wirkung.

Der Job von Bruder Robert
an der Pforte von Münsterschwarzach
erfordert genaues Zuhören.

Die Spiritualität der Wüstenväter warnt immer wieder vor der Verhärtung des Herzens. Das Heilmittel dagegen ist das Hören auf das Wort Gottes. So heißt es in einem Väterspruch: »Abt Poimen wurde von jemand über die Herzenshärte befragt. Der Altvater antwortete und sprach: Das Wasser ist von Natur aus weich, der Stein dagegen hart. Wenn aber Wasser dauernd auf einen Stein tropft, höhlt es ihn aus. So ist auch das Wort Gottes fein und mild, unser Herz dagegen hart. Wer aber das Wort Gottes häufig hört und es betrachtet, schafft der Gottesfurcht einen Raum im Herzen, sodass sie einziehen kann.« (Vitae Patrum, 7,29.) Das Wort, das wir immer wieder hören, ist wie das Wasser, das den Stein aushöhlt. Es macht unser Herz weich und offen. Und das nicht nur für Gott, sondern auch für unsere Mitmenschen.

Hören ist ein transzendenter Sinn. Im Hören schwingt immer auch das Unhörbare mit. Und Hören – so meint der Philosoph Martin Heidegger (1889–1976) – führt zur Geborgenheit.

Wer das Wort Gottes hört und in sein Herz fallen lässt, der fühlt sich in Gott geborgen. Das Wort schafft Beziehung. Denn im Wort höre ich immer die Person, die zu mir spricht. Gott spricht zu mir, aber auch Menschen sprechen zu mir. Benedikt mahnt die Mönche, auf den Abt zu hören und in ihm Christi Stimme herauszuhören. Doch nicht nur im Abt spricht Christus zu uns, sondern in jedem Bruder und in jeder Schwester. Benedikt mahnt daher den Abt, auf die Jüngeren zu hören, weil Gott ihnen oft eingibt, was das Bessere ist. Und er soll auf den Gast hören. Wenn dieser eine Kritik am Kloster anbringt, soll der Abt genau hinhören, ob Christus ihn damit nicht auf Fehler hinweisen möchte.

Das Hören hält lebendig, weil ich offen bin für Worte, die mein Denken verändern, die meine Stimmung verwandeln, und die das Harte meines Herzens aufweichen, damit Gott darin wohnen kann.

Die Berufung zum Ordensleben

Am Anfang des Mönchseins steht das Hören. Der Mönch hört einen Ruf – er fühlt sich von Gott berufen. Mönchsein ist für ihn nicht einfach ein Job, den er verrichtet. Er weiß sich von Gott angesprochen, zum Weg der Gottsuche im Mönchtum aufgerufen. Mit seiner ganzen Person antwortet er auf den Ruf Gottes, dem er gefolgt ist. Und seit jeher erinnert ihn das Mönchsgewand daran. Es erinnert ihn schon am Morgen, wenn er aufsteht und den Habit anzieht, dass er heute wieder neu auf Gottes Stimme hören und ihr folgen will, dass sein Beten und seine Arbeit Antworten auf Gottes Ruf sind.

Der Mönch soll nicht nur auf die Worte Jesu oder auf die des Abtes hören. Er soll vielmehr bei allem achtgeben, was er tut, und bedacht sein darauf, was der Augenblick ihm sagen möchte.

Die Achtsamkeit

Sie wird heute von allen spirituellen Meistern empfohlen. Achtsam zu sein bedeutet, ganz gegenwärtig zu sein, offen zu sein für diesen Augenblick. Nichts ist wichtiger als das, was mir gerade begegnet und was ich gerade tue. Ich bin im Mund, der spricht, in der Hand, die handelt, im Auge, das sieht. Ich nehme wahr, was ist, und entdecke darin die Wahrheit.

Achtsamkeit hat immer auch etwas mit Achtung und Hochachtung zu tun. Ich kann nur achtsam mit Menschen oder mit Werkzeugen umgehen, wenn ich sie hochschätze.

In der Regel Benedikts begegnet uns die Achtsamkeit an vielen Stellen. Da sollen die Mönche achtsam mit dem Werkzeug umgehen. Oder: Sie sollen aufeinander achten. Benedikt benutzt gern das Wort »custodire«, bewachen, achten, bewahren.

Der Mönch soll seinen Mund bewachen. Er soll also achtsam sein beim Reden. Er soll nicht einfach herausplappern, was ihm gerade einfällt, sondern sorgfältig die Worte auswählen, die er spricht. Er soll mit seinen Worten auf den achten, den er anspricht. Und er soll auf die Wahrheit achten, damit er mit seiner Zunge nicht Böses ausstreut.

Achtsamkeit gegenüber anderen bedeutet auch, sich selbst zurückzunehmen.

Der Mönch soll auch seine Wege bewachen. Er soll auf die Wege schauen, die er geht. Nicht blind immer weitergehen, sondern sich bewusst machen, ob er noch auf dem richtigen Weg ist. Im Gehen kann er erfahren, ob sein Weg ihn wirklich zum Leben und zu Gott führt.

Und der Mönch soll auf sich selbst achten, sich vor Fehlern bewahren. Aber er soll vor allem bei sich sein, ganz er selbst sein. Er soll bewusst in dem sein, was er tut, in seinem Reden und Handeln, beim Beten und bei der Arbeit.

Benedikt weiß offensichtlich, dass wir uns oft von außen bestimmen lassen. So gehört es zum Mönchsein, mit sich selbst in Beziehung zu sein. Nur wer das kann, der kann auch mit Gott und mit anderen Menschen in Berührung kommen. Aber Beziehungslosigkeit ist eine große Krankheit unserer Zeit. Viele Menschen haben weder eine Beziehung zu sich selbst noch zu Gott noch zu anderen Menschen oder zu den Dingen. Die Beziehungslosigkeit macht krank, und sie führt zu einem harten und wenig sensiblen Umgang mit sich selbst, mit den Menschen und mit den Dingen. Sich bewachen, wie Benedikt schreibt, meint: bei sich sein, in Beziehung zu sich sein.

Vom Cellerar verlangt Benedikt, auf seine Seele zu achten. Für mich heißt das: Bevor ich zur Arbeit gehe, spüre ich in mich hinein. Gehe ich gern zur Arbeit, oder muss ich mich dazu zwingen? Bin ich innerlich klar und im Frieden mit mir, oder gibt es in meiner Seele noch einen Groll von gestern?

Gehe ich deshalb vielleicht ungern in die Verwaltung? Auf meine Seele zu achten heißt, mir meiner Gefühle, meiner Gedanken und meiner tiefsten Motivation bewusst zu werden. Und wenn sich negative Gedanken in mir breit machen, dann muss ich sie klären. Denn mit missbilligenden Gefühlen zur Arbeit zu gehen, bringt auch den Mitarbeitern Unfrieden und lähmt sie.

Benedikt erwartet vom Cellerar, dass er mit »aequo animo«, mit Gleichmut, seine Arbeit verrichtet. Das gelingt ihm nur dann, wenn er sich bewusst macht, was ihn aus dem Gleichgewicht bringt. Und er muss seine Seele immer wieder auf Gott ausrichten, damit aller Groll, alle Unlust und alles Kränkende aus seinem Herzen vertrieben wird.

Achtsamkeit beinhaltet also, etwas beachten, aufmerksam bei etwas sein. Und es hat auch mit Wachsein zu tun. Wer achtsam ist in seinem Schreiten, in seinem Reden, in seinem Tun, der ist wach. Geistliches Leben heißt schon für den hl. Paulus: aufzuwachen aus dem Schlaf. Auch Jesus selbst mahnt uns immer wieder, wachsam zu sein. Für ihn bedeutet wachsam sein: mit dem Kommen Gottes in jedem Augenblick zu rechnen. Wach ist der, der offen ist für die Gegenwart Gottes.

Viele meinen, sie würden ihr Leben selbst gestalten. Doch sie torkeln wie im Schlaf vor sich hin und sind nicht wirklich in Berührung mit dem Leben. Die Achtsamkeit möchte uns in Kontakt bringen mit Dingen und mit Menschen. Nur wer achtsam lebt, lebt selbst, anstatt gelebt zu werden.

Außerdem hat Achtsamkeit immer auch etwas mit Achtung und Hochachtung zu tun. Ich kann nur achtsam mit Menschen oder mit Werkzeugen umgehen, wenn ich sie hochschätze. Wertloses behandle ich nicht achtsam. Aber wenn ich wach bin und mir alles als Gottes Gabe erscheint, dann werde ich achtsam und sorgfältig mit allem umgehen. Dann sehe ich in jedem Ding die Mühe, die ein Mensch sich gegeben hat, beipielsweise um es zu formen. Ich sehe in jeder Pflanze Gottes Schönheit. Und ich betrachte alles als von Gott geschaffen und getragen.

Vom Cellerar fordert Benedikt, er soll mit allen Geräten und mit dem ganzen Besitz des Klosters wie mit heiligem Altargerät umgehen. Er soll spüren, dass alles heilig ist, denn alles ist von Gott geschaffen und alles gehört Gott. Dann wird das rein weltliche Tun der Verwaltung ein achtsames Tun, ein Achten auf Gott, der mir in allem begegnet.

Das Hören – die Achtsamkeit

Auf das Wort kommt es an

Im Kloster ist das aktive Zuhören tägliche Praxis. Bei der Tagesweihe im Kloster Waldsassen zum Beispiel, also der morgendlichen Verlesung einer Märtyrerbiographie aus dem sogenannten Martyrologium (Seite 204). Oder in Münsterschwarzach bei der Lesung aus Texten zeitgenössischer Autoren während der Vigil (Seite 205), des Morgenlobs. Bei der täglich, in manchen Klöstern auch wöchentlich stattfindenden Ansprache der Äbtissin oder des Abts an den Konvent. Oder auch bei Tisch. In der Regel wird im Refektorium während der Mahlzeiten geschwiegen, aber vorher oder währenddessen vorgelesen. Und natürlich beim Chorgebet. »Ich bin jedes Mal gespannt, was das Wort Gottes hergibt – an Impulsen, Ermahnungen«, sagt mir Pater Meinrad, »ich öffne mich während des Chorgebets für das Wort Gottes und lasse es in mich hineintropfen.« Hören bedeutet, Worte nicht nur akustisch wahrzunehmen, sondern sie auch zu verinnerlichen.

Wann gelingt uns dies eigentlich im Alltag? Wenn wir uns überlegen, wie oft Worte uns »berieseln«, wir sie aber nicht wirklich zur Kenntnis nehmen, kommen wir auf eine beträchtliche Zeit pro Tag.

Viele schalten das Radio ein, achten aber nicht darauf, was dort wirklich gesagt wird. Manche lassen den Fernseher im Hintergrund und die Worte an sich vorbeirauschen. Und andere kommunizieren ständig per Handy, tauschen sich über Belanglosigkeiten aus.

Die unentwegte Berieselung mit Text hat zur Folge, dass das einzelne Wort kaum noch zählt. Und sie birgt die Gefahr in sich, dass man auch seinen direkten Gesprächspartnern nicht mehr wirklich zuhört, weil man schon den ganzen Tag über »zugetextet« wurde.

Dabei sind Worte so bedeutsam: Ein einziges Wort kann schwerwiegende Entscheidungen nach sich ziehen, es kann beträchtliche Emotionen auslösen, es kann Menschen aufrichten, sie aber auch in Verzweiflung stürzen. Und da gehen

Hören heißt achtsam sein

Hören bedeutet, achtsam zu sein. Achtsam zu sein heißt

- → den anderen zu respektieren,
- → darauf zu achten, was man sagt und wem man es sagt,
- → auf den anderen zu achten,
- → offen zu sein auch gegenüber Menschen, die wir gut zu kennen glauben,
- → auf sich selbst zu achten, auf das, was man sagt und wie man es sagt,
- → sich auf das Wesentliche zu konzentrieren.

Achtung = Hochachtung = schätzen = für wertvoll erachten.

Aufmerksames Zuhören, und damit den anderen achten, ist auch für den sonst so temperamentvollen Pater Meinrad ein wesentliches Element menschlichen Zusammenlebens.

wir häufig so unachtsam mit Worten um, hören oft genug nicht genau hin, was andere sagen, aber ebenso wenig, was wir selbst von uns geben. Worte überdauern Generationen. Sie sind viel beständiger als die Menschen selbst. Deshalb ist es so wichtig, ganz genau auf sie zu achten.

Als Schwester Laetitia im Jahr 1995 als damals 38-Jährige überraschend zur Äbtissin von Waldsassen gewählt wurde, zog es ihr »erst einmal den Boden unter den Füßen weg«, wie sie beschreibt. Sie fühlte sich von dieser Aufgabe überfordert, da das Kloster ein großer Sanierungsfall war. »Dann aber habe ich ein Jahr lang nur beobachtet, gefragt und gehört. Und danach habe ich die Sache in Angriff genommen und als Erstes mit der Renovierung der Klosterkirche begonnen.« Äbtissin Laetitia hat also auf die Worte ihrer Mitmenschen gehört, bevor sie zur Tat schritt.

Zuhören – wie oft machen wir dies eigentlich noch bei Menschen, die wir gut kennen? Auch wenn wir im Vorhinein schon zu wissen glauben, was jemand sagt, lohnt es sich, zuzuhören. Denn es könnte in seinen Worten ja etwas Bedeutsames stecken. »Ich versuche, als Leiterin des Klosters jede Mitschwester zu Wort kommen zu lassen. Ich höre den Rat jeder Einzelnen, dann erst entscheide ich«, sagt Äbtissin Laetitia.

Auch die Stimmlage ist bedeutsam

Nicht nur auf die Worte selbst sollten wir hören, sondern auch darauf, wie sie uns gesagt werden. Mit Worten können wir vielleicht etwas verdecken, eine Situation überspielen, aber die Stimme wird uns verraten.

Stimmen haben einen ganz besonderen Stellenwert in der zwischenmenschlichen Kommunikation. Eine vertraute, für uns positiv besetzte Stimme kann Geborgenheit vermitteln, ein Gefühl des Wohlbefindens. Genauso kann eine bekannte Stimme Angst und Schrecken hervorrufen, wenn wir mit dem dazugehörigen Menschen unangenehme Erfahrungen verbinden.

Passiert es Ihnen nicht auch immer wieder, dass Sie einen Ihnen bis dato völlig unbekannten Menschen nur aufgrund seiner Stimme als sympathisch oder unsympathisch bewerten? Oder haben Sie nicht auch automatisch bei einem Menschen, den Sie lediglich vom Telefon her kennen, eine deutliche optische Vorstellung im Kopf? Und dies nicht nur aufgrund seiner Worte, sondern auch seiner Stimme wegen.

Wie wichtig die Stimme ist, haben auch die Ordensmitglieder erkannt. Bei Eintritt in ein Kloster wird auf die Stimmbildung der Novizin oder des Novizen sehr großen Wert gelegt.

Diese Stimmerziehung, die vor allem dem Gesang dient, wirkt sich natürlich auch auf das gesprochene Wort aus. Klostermenschen reagieren daher oft auch sensibler auf das, was sie hören. Und sie schöpfen aus dem Gehörten, wie mir Pater Polykarp erzählt: »Musik zu hören ist für mich eine ganz bedeutende Quelle der Kraft.«

Schwester Assumpta schöpfte Energie aus den Geräuschen der Natur: »Die Natur ist ein Lebensbedürfnis. Wenn ich rausgehe und die Vögel höre, den Wind, das Rascheln der Blätter, kann ich auftanken.«

Im Kloster wird viel gesungen. Ob beim Chorgebet oder – wie hier – beim Geburtstag einer Mitschwester in Waldsassen.

Schweigen – sich öffnen für Verborgenes

Schweigen ist für die Mönche immer schon eine wichtige Übung. Das Kloster ist ein Raum der Stille, in dessen Gängen die Mönche nicht sprechen. Von der Komplet, dem Nachtgebet, bis nach dem Frühstück ist die Zeit des großen Schweigens, die nur in Ausnahmefällen gebrochen werden darf. Und auch sonst soll der Mönch nicht viel reden.

Schweigen ist für Benedikt nicht nur der Weg, die vielen Sünden durch die Zunge zu vermeiden. Vielmehr hat das Schweigen eine spirituelle Aufgabe:

Es konfrontiert uns mit der eigenen Wahrheit. Im Schweigen tauchen in uns Gedanken, Gefühle und Leidenschaften auf. Auf sie müssen wir schauen, mit ihnen ins Gespräch kommen und sie Gott hinhalten. Das Schweigen führt uns zur ehrlichen Selbsterkenntnis, nackt und bloß. Wir können nicht mit Worten verbergen, was in uns ist. Wir müssen uns stellen.

Allerdings sollen wir im Schweigen auch nicht ständig um die eigenen Gedanken und Emotionen kreisen. Vielmehr geht es darum, davon frei zu werden, sie loszulassen, offen zu sein – eins zu werden mit Gott, sodass sein Geist uns durchdringen kann. Schweigend vor Gott zu sein, das ist die höchste Form der Kommunikation mit ihm.

Im Gespräch mit einem Freund können wir dessen Nähe spüren. Aber irgendwann mündet das Gespräch in Schweigen, nicht, weil wir uns nichts mehr zu sagen haben, sondern weil die Nähe durch weiteres Reden zerredet würde. Es gibt einen Punkt in der Begegnung mit einem Freund, in dem das Schweigen die Beziehung vertieft.

Genauso ist es auch mit Gott, mit dem wir im Gebet reden. Wir als Mönche halten in den Psalmen und im persönlichen Gebet Gott unsere Wirklichkeit hin. Aber irgendwann sind wir in ihm. Und in diesem Augenblick sind wir ganz eins mit uns selbst und frei von allen Ängsten und Sorgen. Das Einssein im Schweigen ist immer eine beglückende Erfahrung.

Wenn wir in der Regel Benedikts das Kapitel über die Schweigsamkeit lesen, so scheint es uns nur eine oberflächliche Begründung für das Schweigen zu geben: »Tun wir, was der Prophet sagt: Ich sprach: Ich will auf meine Wege achten, damit ich mich meiner Zunge nicht verfehle. Ich stellte eine Wache vor meinen Mund; ich verstummte, demütigte mich und schwieg sogar vom Guten.« (Die Benediktusregel 6,1.)

Schweigen, um den vielen Sünden mit der Zunge zu entgehen, ist nur der erste Schritt. Die frühen Mönche wussten, dass man zwar äußerlich schweigen kann, aber innerlich immer weiterredet. Vor allem dann, wenn ich mir ständig Gedanken über andere mache, nützt mir das äußere Schweigen nichts. Dann ist es doch ein ständiges Reden und Urteilen, dann bin ich auch im Schweigen nicht bei mir.

Doch Ziel des Schweigens ist es, einen Raum der Stille zu öffnen, in dem ich ganz ich selbst sein kann, frei von allen Erwartungen von außen und von allem Sichanpassen an die Wünsche anderer. Viele, die zu Schweigekursen in unser

Die Zisterzienserinnen von Waldsassen beim morgendlichen Chorgebet.

Kloster kommen, tun sich anfangs schwer damit. Doch dann genießen sie das Schweigen. Sie spüren, dass es sie von dem Druck befreit, immer irgendetwas Interessantes sagen zu müssen. Sie dürfen einfach sein, wer sie sind, und wahrnehmen, was ist.

Vom Mönch Agathon wird erzählt, dass er drei Jahre einen Stein im Mund trug, bis er mit dem Schweigen zurechtkam. Als ich davon las, dachte ich, das sei eine sehr äußerliche Übung. Als ich aber merkte, dass ich eine Weile ständig über einen Mitbruder redete, über den ich mich aufregte, verbot ich mir, vier Wochen lang über ihn zu sprechen. Und auf einmal kam ich zur Ruhe. Ich konnte ihn sein lassen, wie er ist. Und es tat mir auch selbst gut.

Im frühen Mönchtum war das Schweigen ein wichtiger Bestandteil. Arsenios, ein kaiserlicher Hofbeamter, hörte in sich den Ruf: »Zieh dich zurück! Sei still! Werde ruhig!« Heute ist das Schweigen zuerst einmal ein Sichzurückziehen von der Flut der Informationen und von den Zwängen der Gesellschaft. Es tut gut, sich zwischendurch zu entziehen und ganz bei sich zu sein. Schweigen ist ja kein strenges Einhalten eines Redeverbotes, sondern ein Weg in die innere Freiheit.

Schweigen öffnet einen Raum, in dem die Seele zur Ruhe kommen kann und die inneren Turbulenzen sich legen, in dem ich frei bin vom Zwang, mich mit Worten beweisen zu müssen. In diesem Raum des Schweigens bin ich offen für das Wesentliche, offen für Gott, der zu mir sprechen möchte.

Altvater Sisoes sagt vom Schweigen: »Schweigen heißt pilgern!« Die Pilgerschaft war für die frühen Mönche ein wichtiges Bild in ihrem Leben. Sie nahmen sich Abraham zum Vorbild, der auswanderte: aus seiner Heimat, aus seiner Vaterstadt und aus seinem Vaterland. Deshalb verstanden auch die Mönche ihr Leben als dreifachen Auszug: Auszug aus allen Abhängigkeiten, Auszug aus den Gefühlen der Vergangenheit und Auszug aus dem Sichtbaren, um sich auf den Weg zu machen zum unsichtbaren Gott.

Es gab auch Mönche, die ständig umherwanderten, um sich freizugehen von allen Abhängigkeiten und sich nur an Christus zu binden. Doch Benedikt hält nichts vom Umherwandern. Zum einen ist die Völkerwanderung für ihn ohnehin eher negativ besetzt. Und zum anderen hat er viele vagabundierende Mönche erlebt, die nicht wanderten, um für Christus frei zu werden, sondern die eigentlich eher vor sich selbst davonliefen.

Die Stille im Kreuzgang von Münsterschwarzach umfängt den Besucher mit dem ersten Schritt. Schweigen stellt sich wie selbstverständlich ein.

Wir brauchen die Stille, um innerlich klar zu werden. Und wir brauchen die Stille, damit unsere Worte Ausdruck unserer Liebe und Wertschätzung werden.

Für die Mönche, die in einer Gemeinschaft lebten, bedeutete das Schweigen ihre Pilgerschaft. Im Schweigen wandern wir aus der Welt des Wortes aus. Worte können Heimat geben. Durch mein Schweigen verlasse ich diese Heimat, um mich auf den Weg zu Gott zu machen, der jenseits aller Worte und Bilder wohnt – eben im Schweigen.

Benedikt geht es natürlich nicht um ein ständiges Schweigen. Die Mönche sollen schon auch miteinander ins Gespräch kommen. Aber das Schweigen soll ihr Reden prägen. Wenn der Mönch spricht, soll er es überlegt tun, freundlich und bescheiden. Das gilt vor allem für das Reden mit dem Oberen: »Muss man den Oberen um etwas bitten, soll es in aller Demut und ehrfürchtiger Unterordnung erbeten werden.« (Die Benediktusregel 6,7.)

Mit Worten können wir verletzen und kränken, können andere lächerlich machen und damit Macht ausüben. Oder wir können mit unseren Worten den anderen ermutigen und in ihm Leben wecken. Das verlangt aber, dass ich Ehrfurcht vor ihm habe und dass meine Worte Ausdruck dieser Ehrfurcht und Wertschätzung sind. »Deine Sprache verrät dich«, sagt die Magd zu Petrus, als dieser im Hof des Hohepriesters leugnet, einer der Jünger Jesu zu sein (NT, Evangelium nach Matthäus 26,73).

Unser Sprechen verrät unsere Haltung. Unsere Worte verraten, ob wir den Menschen lieben oder verachten, ob wir innerlich im Frieden mit uns sind oder verärgert. In letzterem Fall werden wir mit unseren Worten unsere Umwelt emotional verschmutzen. Wir werden all das herausposaunen, was an innerem Unrat in uns verborgen liegt.

Das Schweigen will das Innere klären und reinigen. Stille kommt von stellen, stehen bleiben. Wir müssen still werden, stehen bleiben, damit das, was in unserer Seele aufgewirbelt ist, sich wieder setzen kann. In einem chinesischen Gedicht heißt es: »Wer kann so viel Stille aufbringen, um all das Trübe in sich zu klären.« Das sollte zumindest unser Ziel sein.

Schweigen und hören – die Holzskulpturen der Stiftsbibliothek von Waldsassen beherrschen dies perfekt. Aber was sie wohl denken mögen?

Schweigen bedeutet auch hören

Schweigen hat in gewisser Weise auch mit Hören zu tun. Ich höre auf die leisen Impulse meines Herzens, in denen Gott selbst zu mir spricht. Ich öffne mich dem Verborgenen, dem, was hinter allem äußeren Schein ist. Schweigen lüftet die Decke, die die tiefere Wahrheit des Seins verhüllt. Schweigen ist nicht etwas Passives, sondern ein aktives Forschen. Ich möchte hinter die Dinge kommen. Auf das Verborgene, das hinter dem äußerlich Sichtbaren liegt, verweist uns Jesus: »Es gibt nichts Verborgenes, das nicht offenbar wird, und nichts Geheimes, das nicht bekannt wird und an den Tag kommt. Gebt also acht, dass ihr richtig zuhört!« (NT, Evangelium nach Lukas 8,17 f.)

Im Schweigen sollen wir also das Verborgene ent-bergen und das Verhüllte ent-hüllen. Viele Menschen haben Angst, das in ihnen Verborgene könnte an die

Öffentlichkeit geraten. Die Umwelt könnte durch ihr Erröten, ihr Schwitzen, ihr Zittern merken, dass sie etwas verbergen. So müssen sich die Menschen immer mehr kontrollieren. Doch je mehr sie sich kontrollieren wollen, desto anstrengender wird es, und desto leichter gerät ihnen alles außer Kontrolle.

Daher ist es ein befreiender Weg, im Schweigen das Verhüllte und Verborgene Gott hinzuhalten. Jesus selbst rät uns: »Du aber geh in deine Kammer, wenn du betest, und schließ die Tür zu; dann bete zu deinem Vater, der im Verborgenen ist. Dein Vater, der auch das Verborgene sieht, wird es dir vergelten.« (NT, Evangelium nach Matthäus 6,6.) Das befreit uns von aller Angst und zeigt, dass mitten in all dem Verhüllten und Verborgenen in uns Gott selbst sich verbirgt als der tiefste Grund unserer Seele, als der Grund, auf dem wir ganz unbesorgt unser Leben bauen können.

Schweigen – sich öffnen für Verborgenes

Vor einiger Zeit habe ich an einem Fasten- und Schweigekurs bei Pater Anselm im Kloster Münsterschwarzach teilgenommen. Mit dem Fasten war ich schon seit längerem vertraut, aber fünf Tage zu schweigen schien mir doch eine besondere Herausforderung zu sein.

Die erste Teezeit im Kreis von über 30 Teilnehmern empfand ich als unangenehm, ja fast peinlich. Ich konnte meine Tischgenossen nicht mit Worten um die Teekanne bitten, sondern musste dies mit Gesten tun. Und wo sollte ich hinschauen, wenn ich mich nicht mit ihnen unterhalten konnte? An die Decke, auf den Tisch, auf den Boden? Außerordentlich unhöflich kam ich mir vor.

Aber nach einem Tag des Unwohlfühlens machte sich Erleichterung bei mir breit. Ich fühlte mich nicht mehr verpflichtet, bei Tisch Konversation zu betreiben. Wenn ich auf dem Gang andere Teilnehmer traf, hatte ich nicht mehr das Gefühl, Small Talk machen zu müssen. Ich nickte einfach lächelnd mit dem Kopf und ging vorbei. Am Abend dachte ich nicht mehr, ich sollte mich doch noch mit den anderen zusammensetzen, um mich mit ihnen zu unterhalten. Ich zog mich nach der letzten Teezeit einfach auf mein Zimmer zurück – und niemand empfand dies als unhöflich.

Pater Anselm schlug vor, dass diejenigen, die am Abend gemeinsam einen Spaziergang machen wollten, dabei für kurze Zeit das Schweigen brechen könnten. Aber dazu hatte ich gar kein Bedürfnis mehr. Ganz im Gegenteil, als der letzte Tag kam und das Schweigen gebrochen wurde, wäre ich am liebsten weiter ohne Worte ausgekommen, so sehr hatte ich mich in der kurzen Zeit daran gewöhnt.

Ähnliches Verhalten habe ich auch bei anderen Kursteilnehmern beobachtet. Aber es gab auch solche, bei denen sich quasi ein verbaler Rückstau gebildet hatte. Sie mussten innerhalb kürzester Zeit alles loswerden, was sie im Laufe der letzten Tage nicht sagen konnten. Manchen kam es darauf an, darzustellen, welch wichtige Position sie im Leben einnehmen. Möglicherweise hatten sie das Gefühl, ihre Ausstrahlung sei ohne Worte nicht beeindruckend genug gewesen.

Mir wurde nach diesen fünf Tagen bewusst, wie viel verbalen Müll wir doch täglich produzieren. Und wie viel Energie wir darauf verwenden, »um Konversation zu machen«, leere Worthülsen von uns zu geben.

Schweigen konfrontiert mit der eigenen Wahrheit, schreibt Pater Anselm. Schweigen kann bedrückend sein, denn man kann nichts mehr »in Grund und Boden reden«. Schweigen kann aber auch erleichternd sein, da man sich von der Last der Worte befreit.

Für die Ordensmitglieder gehören Schweigephasen zum Alltag. Sie praktizieren dies in der Regel täglich. Und nicht nur dann, wenn sie ganz bei sich sein möchten – also bei der Meditation oder dem Gebet. Sie schweigen in manchen Klöstern zum Beispiel vielfach im Kreuzgang. Im Kloster Waldsassen werden auch die Gäste gebeten, im Kreuzgang nicht zu sprechen.

In vielen Klöstern schweigt man während der Mahlzeiten. Und die meisten

» *Zeiten der Ruhe und des Schweigens sind für mich unabdingbar. Nur dann kann ich auf meine innere Stimme hören, ihr treu bleiben und meiner Lebensmelodie folgen.* «

Äbtissin Laetitia

Gönnen Sie sich Schweigephasen

Manche Menschen haben Angst vor dem Schweigen, weil sie Unangenehmes befürchten, wenn sie in sich hineinschauen.

- → Aber wagen Sie es doch einmal, es können ja auch ungeahnte Schätze in Ihnen ruhen!
- → Versuchen Sie es zuerst mit einer kleinen Schweigephase. Beginnen Sie mit 15 Minuten, und steigern Sie sich dann nach und nach auf mindestens eine halbe Stunde am Tag.
- → Überlegen Sie, wann Sie die Schweigephasen in Ihrem Tagesablauf am besten unterbringen können. Beispielsweise am Morgen, bevor Sie zur Arbeit gehen, und zum Abschluss des Tages.

Ordensleute empfinden das als angenehm. »Das Essen mit Tischlesung, bei dem wir Mönche schweigen, empfinde ich wirklich als Erleichterung«, sagt mir Bruder Robert (76). Er sitzt in Münsterschwarzach an der Pforte, spricht den ganzen Tag mit Menschen und nimmt Telefongespräche entgegen.

In Pater Anselms Konvent schweigen die Mönche vom ersten Gebet des neuen Tages, der Vigil, bis nach dem Frühstück.

Als »abenteuerlich schön« empfindet Pater Meinrad diese Phasen des Schweigens. »Sie haben etwas sehr Intimes an sich.«

Schweigen im Umgang mit anderen Menschen hat einen sehr positiven Aspekt, denn es bedeutet Vertrautheit. Nur mit ganz vertrauten Menschen kommt man ohne Worte aus. Aber auch bei Menschen, die einem selbst nicht so nahe stehen, ist es oft ratsam, einfach einmal zu schweigen. »Ich halte das Schweigen für sehr sinnvoll, weil man mit Reden viel zudecken kann«, sagt die Klosternovizin Schwester Raphaela, »manchmal braucht's zur rechten Zeit ein Wort und manchmal nicht«.

Für die Klostermenschen ist das Schweigen mit der Zeit zu einem sehr wichtigen Bedürfnis geworden. Gerade bei solchen, die aufgrund ihrer Berufe sehr viele Außenkontakte haben. Bruder Alfred, der Druckereileiter in Münsterschwarzach, hat den ganzen Tag über Kontakte zu Mitarbeitern und Kunden und muss ständig sprechen: »Ich habe manchmal eine richtige Sehnsucht danach, nicht reden zu müssen.«

Schweigen bedeutet, mit sich selbst in Kontakt zu kommen. Dinge an einem selbst, aber auch um sich herum bewusst wahrzunehmen. Wer manchmal auf das Reden verzichtet, wird seine Worte später mit mehr Bedacht wählen.

Man kann Dinge zerreden, totreden, man kann sie aber auch totschweigen. Daher bedeutet schweigen nicht automatisch, dass man auch innerlich ruhig ist. Manchmal blockieren dann unausgesprochene Worte die eigenen Gedanken. Oder die Konflikte, die man mit sich austrägt, gewinnen die Oberhand. Aber das ist auch gut so, denn so hat man sie ganz deutlich vor Augen.

Schweigend seine Arbeit zu verrichten und sich ganz auf das zu konzentrieren, was man gerade tut, das kann man im Kloster lernen.

Schweigen zu lernen ist kein einfacher Prozess. Er wird nicht von heute auf morgen gelingen. Selbst die Klostermenschen brauchen bisweilen lange, um auch wirklich innerlich zu schweigen. Manchmal ist es ein täglicher Kampf, aber er lohnt sich.

Wie machen es eigentlich die Mönche, wenn sie sich zum Schweigen zurückziehen? »Ich hocke mich auf eine Bank wie ein Bauer im Schwarzwald und mache die Augen zu. Dann lausche ich in mich hinein«, sagt der Schwarzwälder Pater Meinrad.

»Ich schweige, während ich sticke«, sagt die quirlige Schwäbin Schwester Agnes, die in der Paramentenstickerei (Seite 205) arbeitet.

Und Bruder Hugo hat sich vor dem Zubettgehen eine Schweigephase reserviert: »Das ist für mich die wertvollste Zeit des Tages.«

Schweigen bedeutet, sich in eine Art Oase zu begeben. Überlegen Sie sich einen Ort, an dem Sie schweigen können und damit am besten zu sich selbst finden. Vielleicht ist es Ihr üblicher Oasenplatz, vielleicht ist es aber auch eine ganz andere Stelle.

Schweigen und reden – alles im rechten Maß

Schweigen soll natürlich kein Dauerzustand sein, denn Worte geben Heimat, wie Pater Anselm schreibt. »Das Schweigen macht mir keine Probleme«, sagt mir Schwester Agnes, »aber das möchte ich nicht nur. Ich will auch reden.«

Worte können Wohlbefinden auslösen, beruhigen, Verbundenheit bekunden, deshalb haben wir ja auch die Möglichkeit zu sprechen. Viele Situationen benötigen Worte. »Wenn ich traurig bin, dann brauche ich Hilfe. Dann muss ich reden«, beschreibt Schwester Bernadette eine solche Situation.

Alles zur rechten Zeit, das können wir von den Ordensmitgliedern lernen. Schwester Raphaela bringt es auf den Punkt: »Die Ausgewogenheit zwischen Beten, Schweigen und Reden hier im Kloster finde ich gut.«

Das Miteinander

Das Leben in der Gemeinschaft ist ein ständiges Ausloten von Nähe und Distanz. Nur so ist ein Miteinander, ob innerhalb oder außerhalb der Klostermauern, auf Dauer möglich.

Grenzen schaffen und achten – die eigenen und die der anderen

Manchmal werde ich gefragt, nach welchem Geheimnis die Gemeinschaft der Mönche schon seit mehr als 1500 Jahren funktioniert. Wir Mönche können nur dann gut zusammenleben, wenn das Verhältnis von Nähe und Distanz ausgewogen ist. Ein Mönch ist eigentlich einer, der sich zurückgezogen hat, der allein leben möchte. Deshalb ist ein Konvent eine Gemeinschaft von Menschen, von denen jeder auch gut allein sein könnte.

Die Aufgabe des Abtes ist es, die Gemeinschaft so zu ordnen, dass der Einzelne seinen geschützten Raum zum Alleinsein hat. Aber zugleich ist ein gutes Miteinander nötig, die Bereitschaft, miteinander zu kommunizieren, sich über die wesentlichen Dinge auszutauschen und entstandene Konflikte zu erkennen und zu besprechen. Gemeinschaften werden oft deshalb steril, weil die Menschen verlernt haben, miteinander zu reden. Sprachlosigkeit lähmt und zerstört das Miteinander. Was bleibt, ist ein Nebeneinander.

Wenn in manchen Gemeinschaften ein aggressives Klima herrscht, hat das meistens zwei Gründe: Der erste Grund besteht darin, dass sich viele nicht wahrgenommen fühlen und nicht das Leben leben können, das in ihnen steckt. Der zweite Grund liegt in der mangelnden Abgrenzung. Aggressionen wollen nämlich oft das Verhältnis von Nähe und Distanz regeln. Wenn ich aggressiv bin, dann hat jemand meine Grenze überschritten. Ich muss sie also besser schützen und mich von dem, der sie überschritten hat, distanzieren. Dabei darf ich die Schuld nicht allein dem anderen zuweisen. Wenn jemand meine Grenze verletzt hat, liegt es immer auch an mir, weil ich meine Grenze nicht klar genug gezogen oder sie nicht gut genug geschützt habe. Deshalb muss ich mich neu abgrenzen

Seite 108/109: Das Miteinander ist ein Grundelement klösterlichen Zusammenlebens, ob bei der Rekreation (links) oder beim Gebet (rechts).

Bei der sonntäglichen Rekreation im Kloster Waldsassen wetteifern Jung und Alt gemeinsam am Spieltisch.

und dem anderen vermitteln: bis hierher und nicht weiter. Dennoch dürfen Grenzen nicht starr sein, sie müssen fließen, sonst zerstören sie die Gemeinschaft.

Wo meine Grenze liegt, sagen mir meine Gefühle. Beispielsweise bei einer Begegnung. Da habe ich manchmal das Bedürfnis, meine Grenze zu überschreiten und beim anderen anzukommen. Doch eine Begegnung gelingt nur dann, wenn jeder seine Grenze wahrt, die aber durchlässig sein muss. Deshalb kann an einer Mauer auch nie eine Begegnung stattfinden.

Die Gemeinschaft braucht beides: Sie braucht die Erfahrung von Verschmelzung und Einswerden, etwa im Gottesdienst, auf den sich alle einlassen, oder in einem gemeinsamen Projekt, bei dem sich alle engagieren. Und sie braucht immer wieder Phasen der Vereinzelung, in denen sich jeder in seinen eigenen Raum zurückziehen kann. Wir müssen heute, im Zeitalter des Individualismus, das Gleichgewicht zwischen Nähe und Distanz, zwischen Grenze und Grenzüberschreitung neu finden. Daher müssen wir die Regel Benedikts in unsere Zeit übersetzen und seine Weisungen aus heutiger Sicht hören.

Wie wichtig es ist, Grenzen zu setzen und sie zu achten, erfahren wir schon in der Bibel: Als Abraham und Lot eng zusammenlebten, gab es ständig Streit zwischen ihren Hirten. Abraham sagte deshalb zu Lot: »Zwischen mir und dir, zwischen meinen und deinen Hirten soll es keinen Streit geben; wir sind doch Brüder. Liegt nicht das ganze Land vor dir? Trenn dich also von mir!« (AT, Die fünf Bücher Mose, Das Buch Genesis 13,8 f.) Nur die Abgrenzung ermöglicht ein gutes Miteinander, weil man durch sie Platz zum Atmen bekommt.

Wer sich vor Menschen schützen kann, die grenzenlos sind, der kann ihnen ohne die Angst begegnen, vereinnahmt zu werden. Ich erlebe viele Menschen, die sich über die Erwartungen anderer ärgern. Letztlich ärgern sie sich aber über sich selbst. Denn dass Mitmenschen Erwartungen an mich haben, darf ich ihnen nicht verübeln. Es ist jedoch ganz allein meine Entscheidung, inwieweit ich diese Erwartungen erfülle. Viele Menschen wollen bei allen beliebt sein und wundern sich, dass sie von den an sie gestellten Erwartungshaltungen erdrückt werden. Wenn ich mich abgrenze, muss ich mich auch von der Illusion verabschieden, bei allen beliebt zu sein. Nur authentisch zu leben macht eine reife Gemeinschaft aus.

Immer wieder innehalten: das eigene Handeln hinterfragen

Eine Gemeinschaft kann einen ständig auf Trab halten. Immer gibt es etwas zu tun oder zu besprechen. Daher sind Freiräume wichtig, die nicht von gemeinsamen Veranstaltungen vereinnahmt werden. Manche Gemeinschaften sehen ein hohes Gemeinschaftsideal darin, dass sie möglichst viel gemeinsam machen – und tun sich keinen Gefallen damit. Jeder braucht den Freiraum, in dem er innehalten und das eigene Handeln hinterfragen kann.

Lukas hat uns in der Geschichte von Marta und Maria dafür ein gutes Beispiel beschrieben (NT, Evangelium nach Lukas 10,38–42). Marta ist die vollendete Gastgeberin. Sie sorgt dafür, dass Jesus und seine Jünger gut versorgt werden und sich in ihrem Haus wohlfühlen. Sie glaubt, die Bedürfnisse Jesu bereits

Mit Stolz und Freude trägt Schwester Bernadette den weißen Schleier der Novizin.

genau zu kennen, und hört nicht hin, was er wirklich will. Stattdessen wird sie ihrer Schwester Maria gegenüber aggressiv, die sich zu Füßen Jesu setzt, um zu erfahren, was er zu sagen hat.

Wir brauchen – wie Maria – das Hören, um zu prüfen, ob unser Leben noch stimmt. Ob das, was wir tun, wirklich auf die Bedürfnisse der Menschen eingeht oder nur unsere eigenen Bedürfnisse erfüllt. Wir brauchen Zeiten des Innehaltens, um zu überprüfen, warum wir bestimmte Dinge tun oder unterlassen. Da auch in uns die Marta lauter ist und im ersten Moment die besseren Argumente hat, brauchen wir Jesus, der für die Maria in uns Partei ergreift. Sie steht für die innere Ahnung, was in diesem Augenblick stimmig ist. Sie steht für das Hören auf die leisen Impulse, in denen Gott zu uns spricht.

Freiheiten gewinnen

Wenn ich meine Grenzen schütze, öffnen sich mir neue Freiräume. Ich lasse mich nicht von der Arbeit vereinnahmen, aber auch nicht von den Wünschen der Mitbrüder. Ich setze mich für die Gemeinschaft ein. Aber ich habe auch den abgegrenzten Raum, den niemand überschreitet.

Die Römer kannten das Fest der Terminalia. Für sie waren die »termini«, die Grenzsteine, heilig. Denn sie wussten, dass jeder Mensch einen Bezirk braucht, der durch heilige Grenzsteine geschützt ist. Es sind heilige Zeiten, die mir gehören. Es sind auch heilige Räume, in denen ich mich geschützt fühle. Solche heiligen Räume sind nicht nur die Kirchen, die in der Weihe durch den Bischof gleichsam dem Zugriff der Welt entzogen wurden. Sogar meine Klosterzelle ist so ein heiliger Raum, in den ich mich zurückziehen kann. Auch in mir selbst ist ein heiliger Raum der Stille, zu dem die Menschen und ihre Probleme keinen Zutritt haben. So bin ich auch mitten unter den Menschen frei und stehe nicht unter Druck, ihre Erwartungen erfüllen zu müssen. Ich bin bei mir.

In keiner Gemeinschaft kann man ohne inneren Freiraum leben. Es ist nicht nur der Raum der Stille, in den ich mich zurückziehen kann. Es ist auch meine Freiheit, die Gedanken zu denken, die ich denken will, und den Weg zu gehen, der für mich der richtige ist. Nicht einmal der Gehorsam dem Abt gegenüber nimmt mir diese innere Freiheit. Und nur diese ermöglicht es mir, gerne in einer Gemeinschaft zu leben. Ich erlebe immer wieder Schwestern und Brüder, die sich von ihrer Gemeinschaft eingeengt fühlen. Sicher ist es manchmal Enge von außen. Oft ist es aber auch die mangelnde Fähigkeit, sich abzugrenzen und sich einen inneren Freiraum zu schaffen. Und gelegentlich ist es sogar die Angst vor der eigenen Freiheit.

Die Israeliten haben gejammert, als sie in Ägypten von den Fronvögten zu Höchstleistungen angetrieben wurden. Doch als Gott sie durch Mose in die Freiheit führte, da sehnten sie sich zu den Fleischtöpfen Ägyptens zurück. Das bedeutet: Freiheit kann auch mühsam sein. Sie führt oft durch die Wüste des Alleinseins, des Unverstandenseins, des Alleingelassenseins. Doch wer diese Freiheit wagt, dessen Leben fängt an, innerlich aufzublühen. Er gelangt in das Gelobte Land, in das Land, in dem er ganz er selbst sein kann, von niemanden beherrscht, gedrängt, vereinnahmt. Diese innere Freiheit ist die beste Voraussetzung für eine lebendige Gemeinschaft, die von der Kreativität des Einzelnen lebt. Kreativität aber wächst immer nur in Freiheit.

Grenzen schaffen und achten

Ordensleute leben in einer Gemeinschaft, deren einzelne Mitglieder sie sich nicht ausgesucht haben. Sie entscheiden sich zwar für ein bestimmtes Kloster, kennen aber in der Regel nicht alle Menschen, die dem Konvent angehören.

Für viele Orden gilt die »stabilitas loci«, also die Bindung an ein bestimmtes Kloster. Benediktiner oder Zisterzienser beispielsweise können ohne triftigen Grund und ohne Zustimmung der Ordensleitung nicht das Kloster wechseln, wie wir eine Wohnung oder einen Wohnort.

Damit die neu eintretenden Klostermitglieder nicht »die Katze im Sack kaufen«, haben sie eine mehrjährige Probezeit. Sie besteht aus dem Postulat (Seite 205) von ungefähr sechs Monaten, die der Klosterneuling noch ohne Ordensgewand im Konvent verbringt. Nun schließt sich das zwei-, in manchen Orden auch nur einjährige Noviziat (Seite 205) an. In dieser Zeit tragen die jungen Konventmitglieder bereits das Ordensgewand, sind aber in ihrer Beklei-

Klösterliche Impressionen, die Beständigkeit demonstrieren.

dung durch kleine Details als Novizen erkennbar. Die Novizinnen in einem Zisterzienserkloster tragen beispielsweise einen weißen Schleier statt eines schwarzen. Die Novizen in einem Benediktinerkloster tragen ein kurzes Skapulier (Seite 205). Das Noviziat wird beendet mit der zeitlichen Profess. Dann folgt nach drei bis fünf Jahren die ewige Profess, die Weihe zum Mönch oder zur Nonne mit dem Ablegen der drei Gelübde Armut, Keuschheit und Gehorsam (Seite 204).

Nun hat sich das neue Ordensmitglied endgültig für ein Kloster entschieden und damit auch für die Gemeinschaft – mit allen Menschen, die dazugehören. Nur unter großen Schwierigkeiten wird es einem Mönch oder einer Nonne gelingen, das Kloster zu wechseln.

Zwei Ordensfrauen aus Waldsassen haben dies jeweils einmal in ihrem Leben vollzogen. Für beide war es ein langwieriger und schwieriger Prozess, der nur durchgezogen werden konnte, weil die menschliche Atmosphäre in dem von ihnen zuerst gewählten Kloster äußerst schwierig war und sie sich seelisch so eingekerkert fühlten, dass sie erkrankten. Beide Ordensfrauen kamen zu unterschiedlichen Zeiten nach Waldsassen. Hier fühlen sie sich nun geborgen – mit allem Auf und Ab, das auch das Leben im Kloster begleitet: »Wie überall, gibt es auch hier Probleme«, sagt Schwester Agnes, »man geht hier nicht gelassener damit um als außerhalb der Klostermauern. Ich kann ja auch nicht weg, nicht mal am Wochenende abhauen. Aber die Situation hier ist lebbar. Und bei Konflikten kann ich auf die Mitschwester zugehen. Denn ich gehe davon aus, dass sie a priori das Gute für mich will.«

Wir haben die Chance, uns den Partner fürs Leben auszusuchen. Und können eine Beziehung meist so lange erproben, wie wir es für richtig halten. Warum zerbrechen dann eigentlich so viele Ehen?

Zwar können wir uns die Familie, in die wir hineingeboren werden, nicht aussuchen. Aber wir können uns von Geburt an sozialisieren und kommen nicht erst im Erwachsenenalter in die familiäre Gemeinschaft. Warum gibt es dennoch so viele Konflikte in den Familien?

Sind Klostermenschen grundsätzlich leidensfähiger? Oder handelt es sich bei ihnen immer um Ja-Sager? Sicherlich nicht, denn auch im Kloster tauchen immer wieder Konflikte auf. »Jeder, der in gewisser Weise sein Eigenprofil hat, wird hier manchmal anecken«, sagt Pater Meinrad ganz offen. Und auch Bruder Hugo aus der Goldschmiede von Münsterschwarzach gibt zu: »Manchmal war ich nahe daran abzuhauen, weil alles so engstirnig war.« Einer meiner Gesprächspartner erzählte mir sogar, dass er schon einmal auf dem Arbeitsamt war, um seine Chancen auf dem Arbeitsmarkt außerhalb des Klosters abzuklopfen.

Es ist also nicht immer so einfach mit dem Gelübde des Gehorsams. Und auch ein weiteres Gelübde macht den Ordensleuten zu schaffen – die Keuschheit. Auch die Ordensleute vermissen manchmal einen Partner und haben Probleme, mit ihrer Sexualität umzugehen. »Ich habe gerne Kontakt zu Männern, und als ausgleichendes Element vermisse ich sie hier schon«, gibt Schwester Agnes (45) zu. Auch Pater Jonathan (47) geht dieses Thema offen an: »Zur Vitalität gehört Sexualität. Dass man sie nicht ausleben kann, ist eine Herausforderung, aber man muss ja auch draußen auf manches verzichten.« Das unterstreicht auch Bruder Nicolas (37), der erst seit fünf Jahren im Kloster ist: »Der Wunsch nach Familie ist schon da. Aber die Frage ist, wofür habe ich mich entschieden.«

» Ich möchte den Weg weitergehen, für den ich mich entschieden habe, auch wenn er Verzicht ist. Aber ich kann nirgendwo alles haben. Es geht ja auch darum, meine einmal getroffene Entscheidung zu bestätigen. «

Bruder Nicolas

Konfliktmanagement von Ordensleuten lernen

- → Wenn Sie sich von jemandem angegriffen fühlen, gehen Sie nicht gleich auf Konfrontation.
- → Überlegen Sie in einer ruhigen Minute, was Ihnen der andere damit sagen will – es könnte ja sein, dass seine Kritik nicht ganz ungerechtfertigt ist.
- → Schlafen Sie eine Nacht darüber und nehmen Sie das Problem auf »Wiedervorlage«.
- → Wenn Ihr Ärger am nächsten Tag noch nicht verflogen ist und Sie das Gefühl haben, etwas klären zu müssen, sollten Sie den anderen darauf ansprechen.
- → Damit haben Sie die Chance, dass die Angelegenheit nicht im ersten Eifer des Gefechts zu sehr aufgeblasen wird.

Warum haben die Menschen im Kloster mehr Durchhaltevermögen? Und warum werfen wir oft schnell das Handtuch? Ein Grund liegt möglicherweise darin, dass wir weniger konfliktfähig sind und nicht bereit, auf den anderen zuzugehen. Wir lassen uns zu sehr von Emotionen leiten und denken nicht erst einmal darüber nach, warum wir in einen Konflikt geraten sind.

Das Hören und das Schweigen, das die Klostermenschen in ihrem täglichen Leben praktizieren, rüstet sie auch dafür, mit Konflikten besser umzugehen. »Wenn mich mal einer vor den Kopf gestoßen hat«, erzählte Schwester Assumpta aus ihrem Erfahrungsschatz als Lehrerin, »dann bin ich vor die Tür und habe erst mal durchgeschnauft. Erst danach bin ich wieder vor die Klasse getreten«.

Eigene Grenzen setzen – die der anderen achten

Manche Menschen knüpfen sehr rasch Beziehungen, die dann auch schnell sehr eng werden. Manchmal zu eng. Sie ziehen zusammen, ohne sich gut genug zu kennen, und treten damit ganz massiv in das Leben des Partners ein. Manchmal geht das gut, aber oft entstehen dabei auch bald Aggressionen, weil die Beziehung nicht die Chance hatte, sich zu entwickeln.

Pater Anselm schreibt, dass Aggressionen entstehen, wenn Grenzen überschritten werden. Das gilt für das Leben im Kloster genauso wie für das Leben außerhalb. Für alle zwischenmenschlichen Beziehungen sind Grenzen wichtig, denn jeder Mensch ist ein Individuum und benötigt seinen eigenen Bereich. »Es gibt Tage, da bin ich nicht so gut drauf, da benötige ich ein Rückzugsgebiet und erwarte von meinen Mitbrüdern, dass sie das respektieren«, sagt Pater Polykarp, der bereits 57 Jahre Klostererfahrung hinter sich hat.

Die Ordensleute bekommen diesen Spagat zwischen Zusammenleben und Alleinsein meist gut in den Griff. Ich habe aber auch schon Klöster besucht, bei denen von Anfang an spürbar war, dass innerhalb der Klostergemeinschaft Konflikte in der Luft liegen. Es stellte sich dann meist heraus, dass das Zusammenleben massiv durch Probleme beeinträchtigt war, über die nicht gesprochen wurde. Einzelne Mitglieder des Konvents schilderten mir ihre Probleme mit einer Mitschwester oder einem Mitbruder, hatten aber noch nie mit der entsprechenden Person selbst darüber geredet.

Auch im Kloster gibt es geselliges Beisammensein. Die Zisterzienserinnen von Waldsassen gratulieren ihrer Mitschwester Magdalena zum 95. Geburtstag.

Also auch im Kloster »menschelt« es. »Man darf nicht so tun, als wenn wir das Leben hier souverän bewältigen«, sagt Pater Meinrad ganz offen, »alles, was es draußen gibt, gibt's auch im Kloster.« Nur haben die Ordensleute allein schon durch ihren Tagesrhythmus eine größere Chance, immer wieder innezuhalten und über bestimmte Dinge nachzudenken.

Gemeinsamkeit und Einsamkeit in der richtigen Balance birgt die Chance, einen anderen Menschen nicht für sich zu vereinnahmen und Grenzen einzuhalten. Dies gilt innerhalb der Klostermauern ebenso wie in der Familie oder im Beruf. Es gibt Paare, die unternehmen alles gemeinsam. Da sollte man sich nicht wundern, dass sich bald Langeweile breit macht. Wie viel spannender ist es doch, wenn jeder auch seinen eigenen Bereich hat, eigene Erlebnisse, von denen er dem Partner erzählen kann.

Vergleichbares gibt es im Beruf, wenn jemand sich sehr stark in den Bereich eines Kollegen einmischt. Man fühlt sich dominiert, kontrolliert, vermisst Vertrauen und wird dadurch schlussendlich frustriert.

Wenn kein Gespräch mehr möglich ist, empfiehlt es sich, einen Vermittler einzuschalten. Einen Außenstehenden, der vielleicht besser klarmachen kann, wo man Grenzen setzen sollte. Pater Meinrad bringt es auf den Punkt: »Im Miteinander braucht es Eigenstand und Einfühlungsvermögen.«

Grenzen setzen, damit keine Mauer entsteht

→ Grenzen müssen in einer guten menschlichen Beziehung – ob privat oder beruflich – von Anfang an deutlich gemacht werden.

→ Klar definierte Grenzen erleichtern jedes Zusammenleben und -arbeiten.

→ Es gibt Menschen, die wissen ohne Worte, wie weit sie gehen können.

→ Andere Personen wiederum achten die private Sphäre nicht, die jeder hin und wieder braucht, sogar in ausgesprochen innigen Beziehungen.

→ Diesen Mitmenschen muss man sehr bestimmt klarmachen, wo die eigene Grenze liegt, wie weit sie also gehen können.

→ Grenzen bedeuten Rückzugsmöglichkeiten für den Einzelnen, sie bedeuten aber keine grundsätzliche Absonderung.

Für Bruder Nicolas (links) genauso wie für Bruder Alfred (rechts) ist es wichtig, bei Konflikten mit anderen Menschen erst einmal in sich selbst zu horchen.

Das eigene Handeln hinterfragen

Niemand kann »Everybody's Darling« sein, auch wenn er sich noch so sehr verbiegt. Wer jedem nach dem Mund redet, wird in Teufels Küche kommen. Wichtig ist es, authentisch zu sein.

Authentisch zu sein bedeutet, die Dinge zu tun, die man guten Gewissens vertreten und für die man geradestehen kann. Es bedeutet, sich nicht von anderen erdrücken zu lassen und immer wieder in sich hineinzuhorchen. Aber auch, ein offenes Ohr für andere zu haben. »Wenn ich ein Problem mit einem Mitbruder habe, überlege ich immer erst, was diese Person in mir ausgelöst hat, und ob das Problem etwas mit mir oder mit ihm zu tun hat«, beschreibt Bruder Nicolas. Sein Mitbruder Alfred drückt es so aus:

» *Wenn ich ein Problem habe, muss ich mir Zeit nehmen, darüber nachzudenken. Ich muss aber auch Dinge annehmen.* «

Bruder Alfred

Konflikte haben immer etwas mit einem selbst zu tun, deshalb sollte man sie sich genau vor Augen halten und nicht davor fliehen. Pater Jonathan hat erkannt: »Meine Emotionalität und meine Spontaneität machen manchen Mitbrüdern zu schaffen, das weiß ich. Wenn ich mit einem Mitbruder ein Problem habe, spreche ich leise seinen Vornamen aus und bitte Gott, auf ihn aufzupassen.«

Wer nicht diese Beziehung zu Gott hat wie Pater Jonathan, kann dennoch das Bild des Menschen, mit dem er Probleme hat, vor sein geistiges Auge halten und überlegen, was ihm dieser Mensch zu sagen hat. Es könnte ja etwas Wesentliches sein und das eigene Handeln positiv verändern.

Freiheiten gewinnen

Wer authentisch ist, also auf seine innere Stimme hört, aber auch die Worte anderer nicht übergeht, wird sich frei fühlen. Er muss sich nicht verbiegen. Pater Anselm schreibt, dass es wichtig ist, sich heilige Räume zu schaffen, in die man sich zurückziehen und Freiheit spüren kann. Ein solcher Raum kann zum Beispiel die Klosterzelle sein.

Für die Ordensfrauen in Waldsassen sind ihre Klosterzellen Rückzugsorte. Die Schwestern besuchen sich noch nicht einmal gegenseitig auf ihren Zimmern. Dass ich ihre Räume betreten durfte, war ein großer Vertrauensbeweis und sehr außergewöhnlich.

Ein Rückzugsort, der uns Menschen außerhalb des Klosters Freiheiten bietet, kann bereits die früher beschriebene häusliche Oase sein. Freiheit ist aber nicht nur abhängig von Äußerlichkeiten. Es gibt auch eine innere Freiheit. Innere Freiheit bedeutet, seiner inneren Stimme zu folgen und sich nicht abhängig zu machen von anderen. Innere Freiheit bedeutet auch, Verantwortung zu übernehmen und offen zu sein für Neues, egal wie alt man ist.

» *Jeder Mensch ist so einmalig, dass man Ehrfurcht vor ihm haben muss und ihn nicht für sich vereinnahmen darf.* «

Bruder Alfred

Bruder Nicolas fühlt sich hinter Klostermauern frei. Hier kann er sein Leben auf Gott konzentrieren und dennoch auch seinen beruflichen Ambitionen nachgehen.

Freiheit muss man auch wagen können. Und Freiheit muss man dem anderen zugestehen können, um selbst frei zu sein. Viele Menschen können dies nicht, da sie selbst unsicher sind: Arbeitgeber gewähren ihren Mitarbeitern keine Freiheiten, weil sie misstrauisch sind. Eltern gewähren ihren Kindern keine Freiheiten, weil sie ängstlich sind. Partner gewähren dem anderen keine Freiheiten, weil sie ihm nicht vertrauen. Also gönnen Sie anderen ihre Freiheiten und wagen Sie es, auch selbst frei zu sein.

Freiheiten wagen und gönnen

→ Überlegen Sie doch einmal ganz genau, welche Freiheiten Ihnen selbst sehr wichtig sind.

→ Erwarten Sie von anderen, dass sie diese Freiheiten respektieren, ohne dass Sie sie immer wieder ausdrücklich darauf hinweisen müssen?

→ Wissen Sie eigentlich, welche Freiheiten den Menschen, mit denen Sie am häufigsten zu tun haben, besonders viel bedeuten?

- Falls ja, respektieren Sie sie?
- Falls nein, ist das nicht ein Alarmzeichen?

→ Denn: Wer Freiheiten für sich selbst fordert, muss natürlich auch anderen Menschen Freiheiten zugestehen.

Den anderen respektieren

Benedikt ermahnt die Mönche, in jedem Bruder und in jeder Schwester Christus zu sehen. Sie sollen also an den guten Kern im anderen glauben und ihn nie auf das festlegen, was ihnen zunächst ins Auge sticht. Denn hinter der manchmal rauen und harten Fassade steckt in jedem Menschen die Sehnsucht, gut zu sein.

Wenn ich an den guten Kern im anderen glaube, dann helfe ich ihm, auch an das Gute in sich zu glauben und sich nicht zu entwerten. Ich locke also das Gute in ihm hervor. In einer Gemeinschaft, in der man sich mit seinen Schwächen und Schrullen kennt, bedarf es eines großen Glaubens, um in jedem Christus zu sehen. Aber nur dieser Glaube ermöglicht auf Dauer ein zufriedenstellendes gemeinsames Leben. Sobald auch nur einer den anderen verachtet, ständig über ihn redet und sich nur für dessen Fehler interessiert, zerstört er damit jede Gemeinschaft.

Benedikt fordert den Glauben an Christus im Bruder und in der Schwester vor allem im Umgang mit Fremden. So soll der Pförtner bei jedem Gast, der an die Tür klopft, sagen: »Gott sei Dank.« Früher waren Gäste meistens Arme und Fremde, die vom Kloster Hilfe erbaten. Benedikt erwartet, dass der Pförtner auch in diesen Menschen Christus sieht, selbst wenn sie noch so schwierig sind: »Mit

Für Äbtissin Laetitia sind ihre Mitschwestern das Wichtigste in ihrem Leben. Daher ist es für sie selbstverständlich, die Besonderheit jeder einzelnen Person zu respektieren.

der ganzen Sanftmut eines Gottesfürchtigen und mit dem Eifer der Liebe gebe er unverzüglich Bescheid.« (Die Benediktusregel 66,4.) Weil er Christus in ihnen erblickt, soll er freundlich antworten. Er soll nicht seine Macht ausspielen, sondern sie ernst nehmen und mit Liebe behandeln.

Jeden Einzelnen in seiner Besonderheit zu respektieren, ist vor allem Aufgabe des Abtes: »Er muss wissen, welch schwierige und mühevolle Aufgabe er auf sich nimmt: Menschen zu führen und der Eigenart vieler zu dienen. Muss er doch dem einen mit gewinnenden, dem andern mit tadelnden, dem dritten mit überzeugenden Worten begegnen. Nach der Eigenart und der Fassungskraft jedes einzelnen soll er sich auf alle einstellen und auf sie eingehen. So wird er an der ihm anvertrauten Herde nur keinen Schaden erleiden, vielmehr kann er sich am Wachsen einer guten Herde freuen.« (Die Benediktusregel 2,31f.)

Auch wenn die Mönche eines Ordens das gleiche Gewand tragen, so ist jeder doch etwas Besonderes, hat seine Eigenarten – seine Stärken und Schwächen. Der Abt soll nicht alle über den gleichen Kamm scheren. Vielmehr soll er sich auf jeden Einzelnen einlassen und sich fragen, was jeder braucht, um auf seinem spirituellen und menschlichen Weg weiterzukommen.

Offen sein für andere und andersartige

Die Gemeinschaft des hl. Benedikt bestand nicht nur aus Römern, sondern auch aus Goten und Menschen anderer Stämme – es war ja die Zeit der Völkerwanderung. Und sie bestand nicht nur aus Gebildeten, sondern auch aus Ungebildeten, nicht nur aus Adeligen, sondern auch aus einfachen Menschen.

In der Lebensbeschreibung des hl. Benedikt erzählt uns Papst Gregor eine schöne Geschichte: Benedikt lässt einen Goten, der viel körperliche Kraft hatte, das Ufer des Sees roden. Der macht sich voller Eifer ans Werk, offensichtlich froh, seine Körperkräfte einsetzen zu können. Doch vor lauter Schwung fällt ihm die Hacke in den See. Benedikt kommt zu ihm und hält den Stiel ins Wasser, die Hacke taucht wieder auf und befestigt sich selbst am Stiel. Er überreicht dem Goten die intakte Hacke mit den Worten: »Arbeite und sei nicht traurig!« Benedikt hat für diesen Goten die harte Arbeit ausgewählt, weil sie für ihn eine Quelle der Freude war. Damit fand dieser im Kloster seinen Platz, an dem er seine Fähigkeiten einbringen konnte.

Freundschaften gibt es natürlich auch im Kloster. Die Schwestern Assumpta und Mechtild trafen sich jeden Tag nach dem Mittagessen zum Halmaspiel.

Freunde schaffen Freude

Benedikt schreibt in seiner Regel nicht von Freundschaft und Freunden, sondern von Gemeinschaft und von Brüdern, die sich einander annehmen und ertragen sollen. »Sie sollen einander in gegenseitiger Achtung zuvorkommen; ihre körperlichen und charakterlichen Schwächen sollen sie mit unerschöpflicher Geduld ertragen ... Die Bruderliebe sollen sie einander selbstlos erweisen.« (Die Benediktusregel 72,4–8.) Brüder sucht man sich nicht aus. Man hat sie, und man muss versuchen, mit ihnen gut auszukommen. Benedikt verlangt von den Mönchen, dass sie einander achten, tragen und lieben. Die Gemeinschaft ist also der Ort, an dem die Weisungen Jesu konkret gelebt werden sollen.

Freundschaft ist etwas anderes. Man nennt jemanden einen Freund, wenn man sich zu ihm hingezogen fühlt oder wenn im gemeinsamen Tun oder im Gespräch etwas entsteht, das verbindet. Freundschaft entsteht auch im Kloster. Wenn man jahrelang miteinander lebt, dann wachsen freundschaftliche Gefühle, natürlich nicht zu jedem. Es ist immer ein Zeichen für eine reife Gemeinschaft, wenn viele einen Freund gefunden haben, mit dem sie besprechen können, was sie bewegt, mit dem zusammen sie gern arbeiten oder ihre freie Zeit verbringen. Für den hl. Augustinus, den Bischof von Hippo, war Freundschaft zu Gleich-

gesinnten etwas Lebensnotwendiges. Von ihm stammt das berühmte Wort »sine amico nihil amicum«, ohne Freund kommt einem nichts freundlich vor auf dieser Welt. Ein Freund aber taucht die Welt in ein freundliches Licht. Freundschaft ist die Ursache der Freude. Für Augustinus war sie auch eine wichtige Quelle für seine Kreativität. Mit seinen Büchern wollte er seine Freunde erfreuen. Auch das Gespräch mit Freunden bereitete ihm große Freude. Es hielt ihn lebendig und regte ihn an, das geheimnisvolle Wesen des Menschen vor Gott immer mehr zu durchdenken und zu verstehen.

Was Augustinus als Vorläufer der abendländischen Mönche über die Freundschaft gedacht und geschrieben hat, das wurde vor allem im Mittelalter von den Mönchen gern gelesen und praktiziert. Der Zisterzienserabt Aelred von Rievaulx (1109–1167) hat ein Buch eigens über die Freundschaft geschrieben. Er hat in der Freundschaft zu einem Mitbruder erfahren, dass ein Freund nicht nur eine Quelle der Freude ist, sondern auch zu einer vertieften Liebe zu Gott und zu Jesus Christus führt. Im Antlitz des Freundes leuchtet das Antlitz Jesu Christi auf neue Weise. Aelred wusste, dass Freundschaft den Menschen belebt, und dass ihn die Liebe, die er erfährt, erfreut und verwandelt.

Den anderen respektieren

Wenn man Ordensleute fragt, was ihnen am Klosterleben besonders bereichernd erscheint, kommt sehr rasch die Aussage: das Gemeinschaftsleben. »Für mich ist es das größte Wunder, dass sich das Herz im Kloster weitet, mit all den Mitgliedern des Konvents. Es gibt alle Schattierungen: Die Brüder sind wie Frühjahr, Sommer, Herbst und Winter«, beschreibt es Bruder Alfred sehr anschaulich.

Das, was einem Außenstehenden als besonders problematisch erscheinen mag, nämlich das Zusammenleben einer Vielzahl von Menschen mit unterschiedlicher Sozialisation, sehen die Ordensmitglieder als Chance. »Ich bin hier in Münsterschwarzach quasi mit 100 Brüdern verheiratet, das ist leichter als mit einer Frau«, erläutert es der Buchhändler Bruder Jona (53) etwas schalkhaft.

Natürlich läuft auch in den Konventen nicht immer alles rund: »Es gibt Mitschwestern, die immer blockieren. Die äußern sich nicht, wenn man sie um ihre ehrliche Meinung fragt«, bedauert Schwester Agnes. Auch Pater Meinrad schneidet dieses Thema im Gespräch mit mir an: »Hier im Konvent gibt es natürlich Menschen, die so ganz anders gestrickt sind als ich selbst. Aber das muss man aushalten lernen.«

Der erste Eindruck

- → Überlegen Sie doch einmal, wie Sie einen Menschen bewerten, dem Sie zum ersten Mal begegnen. Sind es die negativen Dinge, die Sie zuerst beachten?
- → Könnte es sogar sein, dass Sie bei einem anderen Menschen Eigenschaften bemängeln, die Sie selbst haben?
- → Halten Sie sich doch einmal bewusst die positiven Seiten Ihres Gegenübers vor Augen. Dies gilt natürlich nicht nur für Menschen, die Sie gerade erst kennengelernt haben.
- → Wenn Sie das Gute im anderen ansprechen, wird der andere auch entsprechend auf Sie selbst reagieren.
- → Das heißt, Sie können dabei eigentlich nur gewinnen, indem Sie ein positives Feedback bekommen.

Jeden Mitbruder zu akzeptieren, mit seinen Stärken und Schwächen, ist für Bruder Jona die Basis klösterlichen Zusammenlebens.

Warum gehen die Menschen in Klöstern in der Regel respektvoller mit ihren Mitschwestern beziehungsweise Mitbrüdern um? Vielleicht, weil sie an das Gute im Menschen glauben, wie Pater Anselm schreibt. »Man wird im Kloster aufmerksamer für den ›Feinumgang‹ mit anderen«, sagt Schwester Agnes.

Ist es nicht so, dass wir Nicht-Ordensmitglieder oft sehr kritisch mit unseren Mitmenschen umgehen und erst einmal das vermeintlich Schlechte sehen, wenn wir jemanden neu kennenlernen? Wie schaut der denn aus, wie komisch redet er, welche Macken hat er? Solche Abschätzungen werden sehr schnell hervorgeholt. Dabei sollte man doch erst einmal abwarten und dem Mitmenschen mit Wohlwollen begegnen. Diese Ratschläge gelten natürlich für alle Lebenssituationen, in denen man mit anderen Menschen zu tun hat – in der Familie, bei Freunden, im Job.

Begegnen Sie jedem anderen Menschen mit dem Respekt, mit dem auch Sie selbst behandelt werden möchten. Negative Bewertungen zermürben die anderen. Denn auch unausgesprochen spüren sie, was man von ihnen hält. An negativen Bewertungen reiben wir uns aber auch selbst auf, denn wir ärgern uns dann ja ständig über Mitmenschen. Und Ärger ist für niemanden ein Gewinn.

Offen sein für andere

Jeder Mensch hat etwas Bereicherndes, etwas, wovon man lernen kann. Der 76-jährige Pater Polykarp, der in einem Missionskloster in Tanzania lebt, sieht jeden Menschen als ein Geschenk an: »Ich bin in meiner Gemeinschaft drüben sehr zufrieden, sowohl mit den schwarzen als auch mit den weißen Mitbrüdern und Mitschwestern. Jeder hat eine besondere Persönlichkeit.« Wie für Pater Anselm, so ist es auch für Pater Polykarp ein wichtiges Lebensprinzip, jeden Menschen ernst zu nehmen.

Offen sein für andere bedeutet eine Herausforderung an einen selbst, denn es beinhaltet, jedem Menschen immer wieder neu zu begegnen und ihm das zu geben, was er benötigt: Liebe, Freude, Rat, Unterstützung. So fördert man ihn, aber auch sich selbst, denn aus einer offenen Begegnung geht man immer mit neuen Erfahrungen heraus.

Grundvoraussetzung dafür ist jedoch, kein festgefügtes Weltbild zu haben, in das außergewöhnliche Menschen nicht hineinpassen. Es gibt Personen, und zwar in allen Altersklassen, die haben eine ganz klare Vorstellung davon, wie sich jemand zu verhalten hat. Und wer nicht in dieses Raster passt, der hat von Anfang an verspielt.

Dass man auch im hohen Lebensalter offen sein kann, bewies die 90-jährige Schwester Assumpta. Als sie mich zu früher Morgenstunde vor dem ersten Chorgebet zum ersten Mal sah, schenkte sie mir ein strahlendes Lächeln. Da war für mich das frühe Aufstehen mit einem Schlag vergessen. Einem solchen Lächeln kann man doch nur mit Freude begegnen. Entsprechend positiv reagierten viele ihrer Mitmenschen auf Schwester Assumpta. Und sie selbst erklärte während eines Gesprächs mit mir: »Ich bin ein Mensch, der ungefähr mit jedem zurechtkommt.« Dies war mir von der ersten Begegnung an klar.

Eigentlich ist es ja gar nicht so schwer, offen für andere zu sein. Manchmal genügt schon ein Lächeln.

Mit einem Lächeln öffnen
sich auch Klostertüren leichter.
Im Kloster Waldsassen.

Freunde schaffen Freude

Freunde sind etwas Besonderes. Es sind Menschen, die man sich selbst ausgewählt hat, weil sie einem etwas Außergewöhnliches schenken: Freude, Vertrauen, Glück, Harmonie, Verständnis beispielsweise.

Wer Freunde fürs Leben hat, kann sich glücklich schätzen. Nicht die Anzahl an Freunden ist wichtig, sondern die Qualität der Freundschaft. Manche Leute brüsten sich mit ihrem großen Freundeskreis. Wenn man dies aber einmal hinterfragt, stellt sich des Öfteren heraus, dass es sich um oberflächliche Beziehungen handelt, die nicht von Dauer sind.

Einen Freund zu haben bedeutet, Vertrauen zu schenken und zu empfangen. Schwester Bernadette hat vor ihrem Eintritt ins Kloster keiner ihrer Freundinnen so vertraut, dass sie von ihrem Herzenswunsch erzählte, Ordensfrau zu werden. Sie fürchtete den Spott und das Unverständnis, die eine solche Entscheidung nach sich ziehen würden. Erst kurz vor ihrem Eintritt in Waldsassen weihte sie drei Freundinnen ein.

Schon nur einen einzigen echten Freund zu haben ist ein großes Geschenk. Mit Freunden muss man alle Hürden des Lebens nehmen können. Doch Freund-

Schwester Assumpta schrieb ihren Freunden gerne und mit großem Eifer.

schaften funktionieren nicht von selbst. Man muss sie pflegen und kann sie nicht wie ein Paar Schuhe bei Gelegenheit aus dem Schrank nehmen, anziehen und dann wieder wegräumen. Auf Freunde muss man sich in allen Lebenslagen verlassen können. Freundschaften bewähren sich in Krisenzeiten.

Auch im Kloster gibt es Freundschaften. Eine ganz rührende habe ich in Waldsassen zwischen der 90-jährigen Schwester Assumpta und der 95-jährigen Schwester Magdalena erlebt. Schwester Assumpta trat 1949 ins Kloster Waldsassen ein, nachdem sie dort ihre Freundin Magdalena besucht hatte, die bereits früher eingetreten war. Ein bewegendes Bild, zu sehen, wie liebevoll die beiden alten Damen einander zu Schwester Magdalenas 95. Geburtstag begegneten.

Auch die Ordensbrüder Hugo (77) und Leander (75) verbindet eine Freundschaft. Sie treffen sich in den Arbeitspausen und verbringen einen Großteil ihrer Freizeit miteinander. So kann Leander guten Gewissens sagen: »Das Leben bei uns hat so viel Positives – Zuverlässigkeit, Beisammensein, Hilfsbereitschaft. Eine Sehnsucht nach irgendwas habe ich nicht. Ich bin zufrieden, das ist mein Glück.«

Innerhalb der Klostermauern genauso wie außerhalb bedeutet Freundschaft immer, sich auf den anderen einzulassen, ihm zu vertrauen, aber auch Kompromisse schließen zu können.

Freundschaft bedeutet auch, miteinander lachen zu können.

Den Körper achten

Ordensleute legen Wert auf die Ausgewogenheit zwischen geistiger Tätigkeit und körperlicher Bewegung. Damit Körper, Geist und Seele im Einklang sind.

Die Bewegung

Die Benediktiner bauten ihre Klöster meist auf einen Berg, umgeben von einer herrlichen Landschaft. Die Mönche lebten auf dem Klostergelände, wo sich auch ein großes Areal für die Landwirtschaft und für Werkstätten befand. So mangelte es ihnen nicht an Bewegung. Sie konnten ihre Körperkräfte in der Arbeit aktivieren, und auch die Tagesordnung hielt die Mönche auf Trab.

So ist es noch heute. Von der Arbeitsstelle gehen sie zum Chorgebet, von dort zu den gemeinsamen Mahlzeiten. Auch das Chorgebet selbst ist nicht nur ein sitzendes Ruhen. Vielmehr stehen die Mönche nach jedem Psalm auf und verneigen sich tief. Ein Gast meinte einmal, es sei ja eine morgendliche Gymnastik, die wir dabei verrichteten. Allerdings tun wir das nicht um der Bewegung willen, sondern wir verneigen uns aus Ehrfurcht vor Gott. Aber dennoch hält uns die Art, wie wir das Chorgebet auch mit dem Körper ausdrücken, in Bewegung. Das tut dem Körper und der Seele gut.

In der geistlichen Begleitung von Menschen erfahre ich immer wieder, dass die Ursache depressiver Verstimmungen oft im Mangel an Bewegung liegt. Ruhe und Bewegung sind nicht mehr im Lot. Wir brauchen aber beides, denn die Spannung zwischen beiden Polen hält uns lebendig. Wer immer nur in Bewegung ist und nie zur Ruhe kommt, der ist in Gefahr, sich tot zu laufen. Wer nur seine Ruhe pflegt, der steht in der Versuchung, die Ruhe mit Nichtstun zu verwechseln und nur narzisstisch um sich zu kreisen. Bewegung, auf dem Weg sein, ist ein spirituelles Thema. Aber es will auch körperlich eingeübt werden.

Die Mönche haben nicht umsonst Meditationswege geschaffen, auf denen man im Gehen meditieren kann. Durch eine schöne Gegend zu wandern ist eine wunderbare Art der Meditation. Im Gehen erlebe ich, dass ich ausziehe aus Abhängigkeiten und dass ich als Mensch immer unterwegs bin. Ich kann nicht auf Dauer stehen bleiben. Ich muss weiter wandern, um mich zu wandeln. Ohne Wandlung, ohne Entwicklung erstarrt der Mensch. Im Gehen spüre ich, dass ich mit jedem Schritt die Erde betrete, um sogleich wieder von ihr abzuheben. Aus

Seite 134/135: Ordensmenschen sind viel in Bewegung.

diesem Grund verweist mich das Gehen immer auch auf die Frage nach dem Ziel. Dabei kommt mir gelegentlich der Satz des romantischen Dichters Novalis (1772–1801) in den Sinn: »Wohin denn gehen wir? – Immer nach Hause.« Oder ich denke an das Wort des hl. Paulus: »Unsere Heimat aber ist im Himmel. Von dorther erwarten wir auch Jesus Christus, den Herrn, als Retter.« (NT, Der Brief an die Philipper 3,20.)

Den Körper fordern

Ich habe früher gerne Sport getrieben. Jetzt komme ich kaum mehr dazu. Und trotzdem bin ich auch körperlich in Bewegung. Ich gehe täglich viele Treppen auf und ab. Ich nehme nie den Aufzug. Ich gehe in die Verwaltung, gehe in die Werkstätten. Und in der kurzen Rekreation nach dem Abendessen gehe ich gern mit Mitbrüdern spazieren. Auch wenn es nur eine halbe Stunde ist, die Bewegung tut doch gut. Wenn ich im Urlaub mit meiner Schwester im Gebirge wandere, wundert sie sich, wie fit ich bin, dass es mir nichts ausmacht, stundenlang bergauf zu gehen. Ich genieße es, den Körper zu fordern, richtig zu schwitzen. Manche Mitbrüder bewegen sich noch ausgiebiger als ich. Zwei fahren täglich mit dem Rad, um sich fit zu halten. Andere joggen oder wandern. Wenn ich manchmal zu Vorträgen sehr zeitig ankomme, genieße ich es, vorher noch etwas zu wandern. Das hält mich lebendig.

Energien tanken

Ich kenne Unternehmer, die sehr viel arbeiten müssen. Wenn sie frei haben, schlafen sie nicht den ganzen Tag, sondern gönnen sich eine lange Wanderung. An diesem Tag fordern sie ihren Körper und fühlen sich nachher erfrischt. Sie kommen mit ihrer inneren Quelle in Berührung, sie spüren ihren Körper wieder. Daraus schöpfen sie neue Kraft. Die Frage, warum das Wandern einem neue Energie zuführt, obwohl es ja auch Energie kostet, lässt sich nicht so einfach beantworten. Ein Grund ist sicher, dass der Wanderer die Natur spürt, ihre Lebendigkeit. Er hat teil an der Energie, die die ganze Schöpfung durchdringt. Zum anderen wird er in der Natur nicht bewertet, anders als im beruflichen Alltag, der ihm so zusetzt und ihn belastet. Als Drittes fördert die körperliche Bewegung

Manche Menschen laden ihre Batterien auf, indem sie sich künstlerisch betätigen.
Atelier von Pater Meinrad.

unsere innere Energie. Sie kostet zwar Kraft, aber zugleich schenkt sie neue Kraft. Manche Menschen machen jeden Morgen einen Waldlauf. Das ist ihr tägliches Ritual. Wenn es kalt oder regnerisch ist, müssen sie sich durchaus zwingen, aus dem warmen Bett zu steigen. Aber wenn sie es fertigbringen, sich zu überwinden, fühlen sie, dass es ihnen guttut, zu laufen und dabei neue Energie zu tanken. Der Tag beginnt dann anders.

Von dem amerikanischen Trappistenmönch Thomas Merton (1915–1968) wird erzählt, dass er jeden Morgen die Gymnastikübungen der kanadischen Armee gemacht hat. Das hat ihn, der die letzten Jahre seines Lebens in einer Einsiedelei verbrachte, lebendig gehalten und auch sein geistliches Leben unterstützt. Denn: »mens sana in corpore sano«, ein gesunder Geist wohnt in einem gesunden Körper.

Viele Ordensleute sind so oft wie möglich in der Natur unterwegs. Sie können so ihrem Bewegungsdrang nachgehen, aber auch die Veränderungen der Natur im Jahreslauf beobachten.

Die Bewegung

Den inneren Schweinehund überwinden

»In einem schwachen Körper steckt auch ein schwacher Geist«, heißt es im Volksmund. Das bestätigt sich leider vielfach. Menschen, die zu schwergewichtig sind, sich selten bewegen, sind häufig auch geistig nicht sehr flexibel.

Man kann es ja sehr einfach an sich selbst beobachten. Was bringt man denn nach einem üppigen Mahl wirklich noch zustande an sportlichen Aktivitäten und Geistesblitzen?

Eigentlich möchte man sich dann nur noch auf das Sofa begeben und allenfalls noch etwas lesen. Aber bewegen mag man sich nicht mehr. Denn das würde in solchen Situationen Schwerstarbeit bedeuten.

Pater Anselm hat es ja geschildert, dass die Mönche und Nonnen schon allein wegen ihres Tagesablaufs häufig in Bewegung sind. Sie gehen zum Chorgebet in die Kirche, zu den Mahlzeiten ins Refektorium, zur Arbeit in ihre Werkstätten. Selbst der Münsterschwarzacher Pförtner Bruder Robert, von dem man annehmen könnte, dass er eine sitzende Tätigkeit hat, muss ständig zur Tür, ans Telefon, in andere Büros.

Mir sind in Klöstern immer Ordensleute begegnet, die zu ihrem nächsten Termin unterwegs waren. Nicht in Hektik, aber zügigen Schritts. Wenn man überlegt, wie groß die Klosteranlagen manchmal sind, legen sie täglich eine ordentliche Strecke Wegs zurück.

Dies ist auch sicherlich mit ein Grund dafür, dass ich in den Konventen selten übergewichtige Menschen gesehen habe. Das Bild vom beleibten, Bier trinkenden Mönch, das man manchmal auf historischen Abbildungen sieht, habe ich in Klöstern nicht bestätigt bekommen. Im Gegenteil, es gibt eine ganze Menge sportlicher Typen. Bruder Leander hat beispielsweise im Büro der KFZ-Werkstatt auf dem Münsterschwarzacher Klostergelände ein Foto von sich an der Wand, das ihn als Bergsteiger in einer Steilwand zeigt. Und Pater Edmar, Sportlehrer am

Körperliche Bewegung hält auch den Geist fit

Nutzen Sie »Frei-«zeiten zur körperlichen Bewegung. Damit halten Sie auch Ihren Geist auf Trab.

- → Fangen Sie in Sachen Bewegung doch erst einmal im Kleinen an.
- → Halten Sie es wie Pater Anselm, und gehen Sie Treppen, statt den Aufzug zu nehmen.
- → Machen Sie die Erledigungen in Ihrer Nähe zu Fuß.
- → Stellen Sie sich selbst kleine »Fallen«, sperren Sie das Auto in die Garage, nehmen Sie öffentliche Verkehrsmittel statt des PKWs.
- → Sitzen Sie Ihre Mittagspause nicht nur in der Kantine ab, sondern laufen Sie einmal um den Block.
- → Nehmen Sie sich jeden Tag ein kleines Ziel vor, das Sie zu Fuß erreichen können.

Zupacken muss jedes Ordensmitglied auf seine Art: Die Küche von Bruder Ethelbert (links) in Münsterschwarzach produziert täglich 450 Essen. Und Schwester Raphaela (rechts) ist verantwortlich für den »Waldsassener Abteitropfen«, den klostereigenen Likör.

klösterlichen Gymnasium, ist der beste Beweis dafür, dass Klostermenschen auch körperlich aktiv sind: »Zähigkeit und Ausdauer lernt man als Mönch und im Sport«, sagt der jugendlich wirkende 71-Jährige.

»Das Zupacken im Kloster gefällt mir«, erklärt die temperamentvolle Schwäbin Schwester Agnes. Wo packen wir eigentlich zu? Sind wir manchmal nicht ziemlich unbeweglich?

Den Körper fordern

In manchen Klostergärten gibt es Labyrinthe. Dies ist eine ganz geschickte Einrichtung, denn sie hält denjenigen, der sie betritt, nicht nur körperlich in Bewegung, sondern fordert auch den Geist. Man muss sich auf den Weg konzentrieren, um wieder herauszufinden. Wieder einmal so ein kluger Schachzug der Mönchsväter, die ihre Mitschwestern und Mitbrüder in Bewegung halten wollten.

Viele Ordensmitglieder, die ich kennengelernt habe, sind gern in der Natur unterwegs. Pater Anselm schreibt, dass er im Urlaub viel wandert. Auch Äbtissin Laetitia nutzt die Ferien, um stundenlang zu laufen. Bruder Ethelbert genießt es, mit dem Rad unterwegs zu sein, früher spielte er Fußball. Dazu fehlt ihm als Küchenchef jetzt die Zeit, aber für eine kleine Spritztour mit dem Drahtesel reicht es immer wieder einmal.

»Ich habe eine wahnsinnige Sehnsucht nach der Natur. Ich muss am Sonntag einfach raus. Das bläst das Gehirn durch.«

Bruder Alfred

Den Körper zu fordern, ist keine Frage des Alters. Die 90-jährige Schwester Assumpta hatte in der Ecke ihrer Klosterzelle eine Isomatte stehen. Die rollte sie morgens und abends aus, um ihre Bodenturnübungen zu machen. Bis zu ihrem 80. Lebensjahr machte sie jeden Morgen einen Kopfstand. Wahrscheinlich rückt das manches wieder gerade. Als Assumpta noch im Schuldienst tätig war, fuhr sie jeden Morgen bei Sonnenaufgang mit dem Fahrrad eine Viertelstunde raus in die Natur: »Den Morgen erleben in der Natur ist etwas Einmaliges.«

Kein Wunder, dass die alte Dame bis zuletzt noch federnden Schrittes auf den Klosterfluren unterwegs war. Nach den Turnübungen am Morgen nahm Schwester Assumpta eine kalte Dusche. Bereits bei der Vorstellung davon durchfuhr sie ein Kälteschauer. Aber sie war eisern. Die kalte Dusche einfach ausfallen zu lassen, gestattete sie sich nicht. Sie hatte eben im Kloster Disziplin gelernt.

Ihre wesentlich jüngeren Mitschwestern Agnes, Raphaela und Bernadette haben sich an Assumpta ein Beispiel genommen: Sie machen jeden Samstagabend Sport. Dies ist für sie der Abschluss der Woche. An diesem Termin wird nicht gerüttelt, auch wenn Raphaela manchmal lieber lesen würde.

Pater Jonathan betreibt Aikido. Diese sanfte Form der Selbstverteidung aus Japan ist ein wesentlicher Bestandteil seines Tagesablaufs: »Meine erste fromme Aktion des Tages ist der Druck auf die Kaffeemaschine. Die zweite fromme Aktion am Morgen das Aufwärmen des Körpers durch Aikido-Übungen.« Nun ja, Pater Jonathan steht dafür bereits um 3.30 Uhr auf. Dies ist natürlich für Klosterlaien eine absolut unchristliche Zeit.

Aber: Überlegen Sie doch einmal, ob Sie nicht am Morgen wenigstens 15 Minuten früher aufstehen können, um Ihren Körper ein wenig zu fordern. Egal, ob auf dem Trimmrad, bei Runden in Ihrem Garten oder bei Bodenübungen. Eines ist klar: Sie werden mit Energie in den Tag starten. Natürlich geht es nicht darum, sich immer und um jeden Preis zu bewegen. Wer ständig auf Trab ist, verliert in doppeltem Sinne die Orientierung. Sinnvolle Bewegung und bewusste Bewegung – das ist das Motto. Auch einmal seine Grenzen zu spüren, aber nicht mit Gewalt. Bewegung macht stolz, wenn man sein Ziel erreicht hat, aber nach dem klösterlichen Lebensprinzip: alles im rechten Maß.

Energien tanken

In der Landschaft offenen Auges unterwegs zu sein, kann sehr beglücken. Wenn wir – wie bereits in einem vorherigen Kapitel beschrieben – achtsam sind und auf die Natur hören. »Ich habe eine wahnsinnige Sehnsucht nach der Natur. Ich muss am Sonntag einfach raus. Das bläst das Gehirn durch«, sagt Bruder Alfred, der oft am späten Abend noch in seinem Büro sitzt. In der Natur erholt er sich und tankt auf für die kommende Woche.

Erholen bedeutet eben nicht nur faulenzen, sondern sich auch etwas aus seinem Kosmos »holen« – Luft, Licht, Sonne, Wind, Landschaft beispielsweise.

Wer einmal nicht hinaus in die Natur kann, kann sie sich auch mental in sein Ambiente holen. Schwester Bernadette hat dazu ein schönes Beispiel einer Bildmeditation, die sie regelmäßig übt.

Bildmeditation

- Stellen Sie ein Landschaftsfoto oder -gemälde vor sich hin und nehmen Sie eine bequeme Meditationshaltung ein.
- Betrachten Sie das Bild ganz genau.
- Überlegen Sie, was Sie in dem Bild sehen.
- Übertragen Sie dieses auf die eigene Situation. Wenn Ihnen zuerst die positiven Details des Bilds auffallen, wird Ihre Stimmung auch gut sein. Stechen Ihnen die negativen Elemente ins Auge, sind Sie wahrscheinlich nicht so gut drauf.
- Schweigen Sie nun und denken Sie über das nach, was Sie entdeckt haben.
- Betrachten Sie nun das Bild nochmals und suchen Sie sich die positiven Dinge bewusst heraus: das schöne Licht, die bunten Farben zum Beispiel.
- Prägen Sie sich diese Einzelheiten ein und nehmen Sie sie mit in den Tag.

Wachen und schlafen

Im ausgewogenen Verhältnis

Die meisten Gäste wundern sich, warum wir Mönche so früh aufstehen. Zur Zeit des hl. Benedikt standen die Mönche wohl um halb drei Uhr auf. Dafür gingen sie bei Sonnenuntergang ins Bett. Heute richten wir uns nicht mehr nach der Sonne, auch für uns gilt der Zeittakt der Uhr. Wie bei allem, meidet Benedikt auch beim Schlafen und Wachen die Extreme und sucht ein gutes Maß. Sechs bis sieben Stunden Schlaf am Stück genügen. Dann können wir mittags noch eine halbe Stunde ausruhen. Das entspricht dem menschlichen Biorhythmus.

Mit der Vesper, dem Abendgebet, schließen die Ordensleute den Tag bewusst ab.

Es gibt Menschen, die in den Schlaf flüchten. Sie sind ständig schläfrig und kommen morgens nicht aus dem Bett. In ihnen steckt offensichtlich ein Widerstand gegen das Leben. Oder sie überfordern sich, indem sie zu viel Energie in jede Arbeit legen. Oder sie schöpfen aus trüben Quellen, wie aus der des Perfektionismus oder des Sichbeweisenmüssens.

Andere finden abends nicht ins Bett, weil sie noch dies oder jenes erledigen möchten. Sie nehmen sich zu wichtig. Für sie wäre es gut, sich eine klare Zeit zu setzen, zu der sie ins Bett gehen.

Im Kloster macht man ganz neue Erfahrungen mit dem Wachen und Schlafen. Manche tun sich schwer, so früh am Morgen aufzustehen. Als ich mit 19 Jahren eintrat, fiel es mir auch nicht leicht, denn von daheim kannte ich ein so frühes Aufstehen nicht. Aber mit der Zeit habe ich mich gut daran gewöhnt. Und ich spüre, dass der Tag nicht gut anfängt, wenn ich nicht früh aufstehe. Selbst wenn ich spät heimkomme, versuche ich zum Frühchor aufzustehen.

Wird im Konvent über die Disziplin im Kloster diskutiert, dann wird immer wieder auch das Thema angesprochen, dass manche Mönche morgens zu oft ausschlafen. Dafür gibt es sicher vielerlei Gründe, einer davon liegt in der mangelnden Motivation. Wenn ich nicht das Ziel habe, mich am Morgen für Gott zu öffnen und mich von ihm in Dienst nehmen zu lassen, dann fällt es mir natürlich schwer, aufzustehen.

Für Benedikt zeigt sich die Liebe zu Gott und zu den Menschen immer ganz konkret, auch wenn es um das Aufstehen geht. Im Kapitel »Wie die Mönche schlafen« schreibt er deshalb: »Die Mönche seien stets bereit. Wenn das Zeichen gegeben wird, stehen sie unverzüglich auf und beeilen sich, einander zum Gottesdienst zuvorzukommen, aber immer mit Ernst und Anstand.« (Die Benediktusregel 22,6.) Mit diesen Worten spielt Benedikt auf die Szene im Gleichnis von

Wir können einerseits in den Schlaf flüchten, um den Anforderungen des Lebens auszuweichen, und andererseits vor dem Schlaf fliehen, weil wir uns unter Druck setzen oder (uns selbst) nicht loslassen können.

den zehn Jungfrauen an. Wenn der Ruf des Bräutigams erschallt, sollen alle aufstehen und ihre Lampen anzünden. Das Aufstehen hat also immer auch eine spirituelle Bedeutung. Es geht darum, Christus, dem Bräutigam, wach entgegenzugehen und mit ihm im Hochzeitssaal das Fest der Liebe zu feiern.

Neben dem rechten Maß von Schlafen und Wachen spielt auch die Kultur des Schlafes eine wichtige Rolle. Diese beginnt mit positiven Abendritualen. Der Tag muss abgeschlossen werden, damit ich mich in der Nacht Gottes guten Händen anvertrauen kann. Das Ritual lässt mich achtsam in die Nacht gehen. Ich spüre das Geheimnis der Nacht. Wir Mönche singen zum Abschluss des Tages die Komplet, die Psalmen behandeln immer das Schlafen. So heißt es in Psalm 4: »In Frieden leg ich mich nieder und schlafe; denn du allein, Herr, lässt mich sorglos wohnen.« (Psalm 4,9.) Zum Abschluss der Komplet singen wir das »Salve Regina« oder eine andere marianische Antiphon, also einen liturgischen Wechselgesang. In diesem Marienlied wird deutlich, dass Schlafen etwas Mütterliches hat: Im Schlaf lassen wir uns in die mütterlichen Arme Gottes fallen. Doch für die meisten Mönche ist die Komplet noch nicht der Abschluss des Tages. Sie lesen, schreiben oder meditieren noch anschließend. So braucht jeder sein eigenes Abendritual, um den Tag Gott zu übergeben und loszulassen, was ihn tagsüber bewegt hat.

Es ist gut, auf seine eigenen Träume zu achten.
Denn sie weisen uns den Weg für unser Leben.

Für uns Mönche ist die Nacht schon immer ein heiliger Raum gewesen. Und wir verbinden die Nacht mit den Träumen, die Gott uns im Schlaf schickt und in denen er zu uns spricht. Er zeigt uns, wie es um uns steht und welche Schritte wir gehen sollen. Manchmal offenbart sich Gott selbst im Traum durch ein Wort, das wir hören, durch ein Licht, das wir sehen, oder durch eine innere Gewissheit, dass Gott selbst in unserer Nähe ist, oder Christus oder Maria oder ein Heiliger.

Viele Menschen klagen heute über Schlaflosigkeit, manche können nicht einschlafen, andere nicht durchschlafen. Das hat viele Gründe. Ein Grund liegt sicher in den mangelnden Abendritualen. Viele stolpern einfach ins Bett, ohne

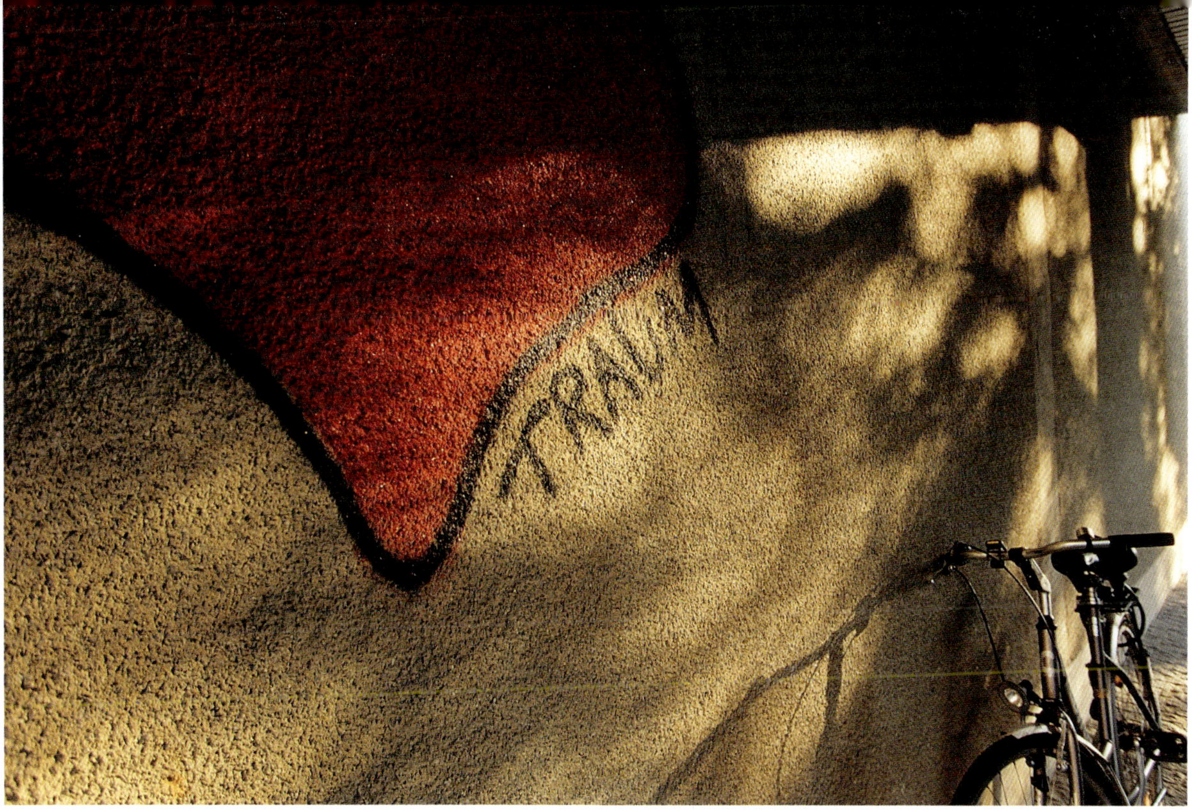

Auch Klosterschüler haben Träume: Mauer am Egbert-Gymnasium in Münsterschwarzach.

den Tag, ihre Sorgen und Probleme loszulassen und sie Gott zu übergeben. Manche wälzen sich nachts im Bett hin und her und haben Angst, den Anforderungen des nächsten Tages nicht gewachsen zu sein. Doch statt sich darüber zu ärgern, dass sie aufgewacht sind, wäre es hilfreicher, sich zu fragen: Was will Gott mir damit sagen, dass ich nun wach bin? Vielleicht soll ich über Dinge nachdenken, für die ich tagsüber keine Zeit hatte. Vielleicht soll ich mein Leben korrigieren. Vielleicht lebe ich nicht so, wie es für mich stimmt. Oder ich soll die Zeit nutzen und beten, mich Gott öffnen, für andere Menschen beten.

Wenn wir nicht gegen die Schlaflosigkeit ankämpfen, wird sich der Körper schon den Schlaf holen, den er braucht. Wenn wir im Gebet entspannt sind, brauchen wir auch weniger Schlaf. Zwar gibt es auch krankhafte Formen der Schlaflosigkeit, die sogar mit Depressionen einhergehen können. In diesen Fällen bedarf es medizinischer Hilfe. Meist aber genügen gute Abendrituale, um die Tür des Tages zu schließen und die in die Nacht zu öffnen. Dann ist es nicht mehr so wichtig, wie viele Stunden ich schlafe. Wichtiger ist, dass ich mich nachts in Gottes Hände fallen lasse und mich jederzeit von ihnen getragen weiß, ganz gleich, ob ich schlafe oder wache.

Wachen und schlafen

Im ausgewogenen Verhältnis

Klostermenschen stehen ganz schön früh auf. In manchen Klöstern ist die Vigil, also das erste Gebet des Tages, bereits um 5 Uhr morgens. Wer da nicht zeitig genug ins Bett geht, wird sich mit dem Aufstehen schwertun. Wenn ich in Klöstern übernachtet habe, bin ich automatisch früher zu Bett gegangen als zu Hause. Die Teilnahme an den Morgengebeten wäre sonst nämlich ein Kampf gegen die Müdigkeit geworden.

Nur so schaffen es die Ordensmitglieder auch, tagsüber erstaunlich fit zu sein. Schwester Mechtild beispielsweise steht um 4.30 Uhr auf, macht nach dem Anziehen ihre Morgenmeditation und nimmt sich danach die Lesung des Tages vor, bevor sie zum ersten Chorgebet um 6 Uhr in der Klosterkirche erscheint. Jungen Ordensmitgliedern fällt das Aufstehen noch nicht ganz so leicht. Die 21-jährige Schwester Bernadette kämpft am Morgen gegen die Müdigkeit, das gibt sie ehrlich zu. Aber auch Mönche mit jahrzehntelanger Klostererfahrung tun sich nicht immer leicht. »Das Aufstehen ist manchmal schon schwer, vor allem im Winter ist die noch kalte Klosterkirche gewöhnungsbedürftig«, sagt Bruder Robert, »aber man darf da nicht schlampen.« Beruhigend, dass selbst ein 76-Jähriger, der bereits seit 1949 im Kloster Münsterschwarzach lebt, so empfindet.

Nur wer Disziplin übt und entsprechend früh zu Bett geht, wird mit dem frühen Tagesbeginn im Kloster zurechtkommen. Zwischen 21 und 22 Uhr begeben sich meine Gesprächspartner zu Bett. Und in der Tat ist es auf den Klosterfluren nach der Komplet, dem letzten Gebet des Tages, das je nach Kloster zwischen 19 und 20 Uhr beginnt, ganz ruhig. Allerdings: Die meisten Ordensmitglieder ziehen sich nach dem Mittagessen zurück und ruhen wenigstens eine halbe Stunde.

Nach ein paar Tagen als Gast im Kloster hat man sich an diesen Tagesrhythmus gewöhnt und kann ihm sogar einiges abgewinnen. Es ist zum Beispiel ein erhebendes Gefühl, zu jeder Jahreszeit den Sonnenaufgang mitzuerleben. Und eine kleine Pause am Mittag zum Durchatmen gibt einem die Möglichkeit, das, was am Vormittag abgelaufen ist, zu reflektieren und sich zu rüsten für die zweite Hälfte des Tages.

Viele Menschen außerhalb der Klostermauern haben mit dem Aufstehen Probleme. Die sogenannten Morgenmuffel quälen sich täglich aus dem Bett. Eine energieraubende Angelegenheit. Warum ist das eigentlich so?

Auf der anderen Seite gibt es auch sogenannte Abendmenschen, die einfach nicht die Kurve bekommen und bis tief in die Nacht aufbleiben. Unserem Biorhythmus entsprechen solche extremen Verschiebungen von Tag und Nacht jedenfalls nicht. Ich kenne Menschen, deren Beruf es erfordert, dass sie in Nachtschichten arbeiten müssen. Viele von ihnen werden auf Dauer krank. Denn sie leben nur in der Dunkelheit und bekommen nicht genügend Sonnenlicht ab, um neue Energien zu tanken.

Gehören Sie zu den sogenannten Morgenmuffeln?

Was mag der Grund dafür sein?

→ Gehen Sie am Abend zu spät ins Bett?

→ Fürchten Sie sich insgeheim vor dem, was der Tag Ihnen bringen wird?

→ Haben Sie kein Tagesziel?

→ Hat Sie während der Nacht zu viel Belastendes gequält und Ihnen den Schlaf geraubt?

Überlegen Sie ganz genau. Wenn Ihnen der Grund vor Augen steht, denken Sie darüber nach, wie Sie dagegen angehen können.

Oder machen Sie die Nacht zum Tag?

Woran mag das liegen?

→ Fürchten Sie sich vor dem Zubettgehen?

→ Haben Sie Angst, keinen Schlaf zu finden, weil Sie belastende Dinge mit sich herumtragen?

→ Oder haben Sie ihr Tagespensum zu spät begonnen und sind nicht früh genug fertig geworden?

→ Vielleicht haben Sie sich für den Tag aber auch einfach zu viel vorgenommen.

Liegt der Grund, warum ich in Klöstern viele betagte Ordensmenschen gesehen habe, die erstaunlich fit waren, nicht auch darin, dass sie einen gesunden Tagesrhythmus haben? Einen Tagesablauf, der unserem Biorhythmus entspricht? Wer regelmäßig spät aufsteht, verliert einen Teil des Tages. Der Spätaufsteher steigt in den Tag ein, wenn die Sonne bereits hoch am Himmel steht. Menschen, die früh aufstehen, haben ihm schon einige Stunden voraus. Er steht daher unter Druck und muss die Stunden aufholen, die er versäumt hat. Das kann er nur, wenn er bis in die Nacht aktiv ist. So gerät er in einen Kreislauf, den er nur durchbrechen kann, indem er seinen Tagesrhythmus ändert.

Schlafprobleme sind zu einer ernst zu nehmenden Zivilisationskrankheit geworden. Zahlreiche Symposien und Veröffentlichungen widmen sich diesem Thema. Früher sind die Menschen nach ihrem Tagwerk müde zu Bett gegangen und schliefen die Nacht durch.

Heute dagegen können wir die Nacht zum Tag machen. Wenn man nachts durch Großstädte läuft, ist immer irgendwo etwas los. 24-Stunden-Restaurants, Bars, Kinos und natürlich der unbegrenzte Zugang zum Internet stehen jederzeit zur Verfügung.

Jederzeit gibt es aber auch einen gewissen Lärmpegel, der den Schlaf beeinträchtigt. Und wegen des künstlichen Lichts ist es kaum irgendwo wirklich dunkel. Dies sind alles Dinge, die unseren Schlaf stören.

Manche Menschen können nicht einschlafen oder wachen nachts auf und wälzen sich im Bett. Dies hat aber nicht nur mit der Umwelt zu tun, sondern zu einem großen Teil auch mit einem selbst.

Rund sieben Stunden Schlaf pro Nacht sind für einen erwachsenen Menschen ausreichend. Wer regelmäßig weniger schläft, sollte ein Augenmerk darauf richten, was ihm den Schlaf raubt. Aber nicht nur das Schlafdefizit ist problematisch. Auch wer regelmäßig mehr als neun Stunden Schlaf benötigt und morgens nicht aus den Federn kommt, hat ein Problem. In beiden Fällen sollte man sich nicht scheuen, einen Arzt aufzusuchen, wenn man die Sache allein nicht in den Griff bekommt.

Abgeschottet zu sein von der Hektik des Tages
ist eine wichtige Voraussetzung für gesunden Schlaf.

Für eine gute Nacht

Wenn Sie am Abend nicht einschlafen können oder nachts aufwachen, überlegen Sie, woran es liegen mag.

→ Lassen Sie den vergangenen Tag Revue passieren: Gibt es Dinge, die Sie belasten und die Sie mit in den Schlaf genommen haben?

→ Warum können Sie diese nicht am Abend mental beiseitelegen und erst am nächsten Tag wieder in Angriff nehmen, wenn Sie ausgeschlafen sind?

→ Haben Sie sich möglicherweise nicht ausreichend auf die Nacht vorbereitet?

→ Falls Sie zu den Menschen gehören, die nachts aufwachen und nicht mehr einschlafen können, sollten Sie sich nicht im Bett herumwälzen und verkrampft versuchen, Schlaf zu finden.

→ Akzeptieren Sie die Situation und lesen Sie etwas Erbauliches, das Ihnen hilft, wieder Schlaf zu finden.

→ Versuchen Sie nicht, sich krampfhaft gegen diese Wachphasen zu wehren, denn das hält Sie erst recht wach.

Der Abendspaziergang

»Die wertvollste Zeit des Tages ist die vor dem Einschlafen«, sagt Bruder Hugo. Eine Möglichkeit, diese Zeit zu würdigen und sich auf den Schlaf vorzubereiten, ist der Abendspaziergang. Er hat viele positive Elemente. Beim Gehen in der Natur wird der Kopf frei, und man kann die belastenden Dinge des Tages allmählich beiseitelegen. Man entdeckt, gerade bei Dunkelheit, Dinge, auf die man tagsüber nicht achtet. Man vernimmt ungewohnte Geräusche, lässt sich die Luft um die Nase wehen und atmet freier.

Wenn man zu zweit unterwegs ist, kann man zum Tagesabschluss noch Dinge besprechen und sie damit ad acta legen. Keine Wetterlage sollte uns von den Schritten am Abend abhalten.

Natürlich fällt der Abendspaziergang im Hochsommer leichter, aber gerade an Winterabenden ist die Luft besonders gut, und es ist eine Freude, durch die weihnachtlich geschmückten Straßen zu gehen.

Die Vorbereitung auf den Schlaf

Der Tag, so schreibt Pater Anselm, soll bewusst abgeschlossen werden, sonst nimmt man die Belange des Tages mit in den Schlaf.

In den Klöstern bildet die abendliche Komplet den gemeinschaftlichen Abschluss des Tages. Wie jedes einzelne Mitglied eines Konvents dann seinen Tag beendet, bleibt ihm persönlich überlassen. Jeder hat da so seine eigene Methode.

Sehr oft endet der Klostertag aber mit einer erbaulichen Lektüre: »Ich versuche, mit einem schönen geistigen Impuls einzuschlafen, dann werde ich weggeführt von schlechten Gedanken«, sagt Bruder Alfred. Auch Schwester Raphaela handhabt es so: »Was für mich am Abend dazugehört ist, etwas Schönes zu lesen.« Auch Schwester Assumpta las immer, bevor sie ins Bett ging. Sie nahm dabei ein warmes Fußbad und schmökerte so lange, bis das Wasser kalt war. Dies war für sie das Signal, ins Bett zu gehen.

Ungestörten Schlaf zu finden setzt voraus, sich geborgen zu fühlen und sich der Nacht zu übergeben. Dies bedeutet auch, Belastungen oder Streit nicht mit in den Schlaf zu nehmen. »Ich versuche, Konflikte bis zum Abend zu lösen oder

Tipps aus der Klosterpraxis

- → Machen Sie es wie Schwester Raphaela und schreiben Sie die positiven Ereignisse des Tages nieder, damit sie nicht in Vergessenheit geraten und Sie sie immer wieder nachlesen können.
- → Oder handhaben Sie es wie Schwester Agnes. Sie legt sich aufs Bett und dankt für den Tag, lässt ihn dabei vor ihrem geistigen Auge Revue passieren und legt ihn damit ab.
- → Pater Polykarp meditiert am Abend oft und nimmt damit Abstand von den Aufgaben des Tages.
- → Auch wenn sie in der Nacht einmal aufwachen, haben die Ordensleute brauchbare Methoden auf Lager: Bruder Alfred schreibt seine Gedanken auf und kann sie damit für die Nacht aus seinem Kopf löschen. Sie werden nicht vergessen.
- → Ordensleute zählen keine Schäfchen, um wieder einzuschlafen, aber sie tun etwas Vergleichbares: Schwester Mechtild betet den Rosenkranz, und Schwester Assumpta rief sich Texte von Kirchenliedern ins Gedächtnis, bis sie einschlummerte.

zumindest darüber zu reden und sie nicht mit in den Schlaf zu nehmen«, sagt dann auch Äbtissin Laetitia. Und Pater Edmar unterstützt diese Aussage: »Der Mönch soll vor Sonnenuntergang Frieden schließen.«

Wie wir inzwischen wissen, sind Ordensmitglieder auch keine Übermenschen. Sie schlagen sich vielfach mit den gleichen Problemen herum wie wir außerhalb der Klostermauern. Dennoch können wir auch in diesem Fall aus dem Klosteralltag lernen und uns einige »Tricks« abschauen.

Einen sehr schönen Tagesabschluss praktiziert Schwester Bernadette: Sie legt eine warme Decke auf den Boden, stellt ihren Gebetshocker darauf und nimmt einen Text zur Hand, der für den vorangegangenen Tag passend ist.

Wenn Sie selbst keinen solchen Text finden, nehmen Sie einfach ein positives Zitat. Denken Sie darüber nach und vergleichen Sie diese Botschaft mit den Aussagen aus anderen Texten, die Sie kennen. Überlegen Sie, wie diese Botschaft in Ihren Alltag passt. Was können Sie daraus lernen? Vielleicht ist es ein Impuls, den Sie im Umgang mit anderen Menschen umsetzen können.

So zahlreich die Ordensmenschen, so vielfältig sind ihre Riten zum Tagesabschluss. Sie haben jedoch immer ein Ziel: die Hektik des Tages und die negativen Gedanken beiseitezulegen und sich mit positiven Impulsen zu Bett zu begeben. Das sollten auch wir uns zu eigen machen.

Licht und Luft

Ohne Licht kein Sehen, ohne Luft kein Atmen

Die griechischen Ärzte hielten Licht und Luft für wichtige Quellen der Gesundheit. Wir wissen heute, wie Recht sie damit hatten. Es gibt sogar die Licht-Therapie und die Atem-Therapie, um betroffenen Menschen zu helfen. Depressive Menschen brauchen Licht, damit sich ihre dunklen Stimmungen erhellen. Wer immer in dunklen Räumen wohnt, auf dessen Seele färbt die Dunkelheit ab.

Wenn dagegen die Sonne durch große Fenster den Raum erhellt, dann weitet sich unser Herz. Genügend Licht zu haben tut uns gut. Das Licht lässt uns die Dinge sehen. Wir wissen, dass es einen großen Unterschied macht, in welchem

»Licht« wir unser Leben betrachten, ob im Nebel oder im Sonnenschein. Benedikt spricht oft vom Licht: Es soll beispielsweise zu jeder Jahreszeit die Stunde für das Abendessen oder für die Hauptmahlzeit so gewählt werden, dass alles bei Tageslicht geschehen kann (Die Benediktusregel 41,9). Die Laudes, das Morgenlob, soll bei Tagesanbruch, von Licht erfüllt, gehalten werden (Die Benediktusregel 8,4). Licht ist für Benedikt immer Symbol für das göttliche Licht, das unser Leben erhellt.

Vom Atem spricht Benedikt dagegen nicht, obwohl dieser enorm wichtig ist, denn ohne ihn kann niemand leben. Er zeigt uns deutlich, wie es um uns steht. Wer nervös ist, dessen Atem geht unruhig. Manche Menschen bekommen keine Luft mehr, wenn sie Angst haben oder wenn sie zu sehr bedrängt werden. Wer dagegen bewusst atmet, kann seine Stimmung verwandeln. Durch ruhiges Atmen werden wir ruhig. Der Atem verbindet Kopf, Herz und Bauch: Denken, Fühlen, Vitalität und Sexualität. Eine Frau konnte nur bis zur Brust einatmen. Sie musste sich erst mit ihrem Ärger und ihrer Frustration auseinandersetzen, schließlich auch ihre Vitalität und Sexualität überdenken. Erst danach erlebte sie, dass der Atem bis in den Beckenraum hineinfloss, und sie kam durch den Atem mit ihrer inneren Quelle in Berührung.

Karl Friedrich Graf Dürckheim (deutscher Psychologe und Zen-Lehrer, 1896–1988), dem ich viel verdanke, meinte, das Wichtigste beim Atmen sei der Augenblick zwischen Ausatmen und Einatmen. In diesem Augenblick ginge es um Leben und Tod. Denn da entscheidet es sich, ob ich an mir festhalte oder mich in Gott hinein loslasse. In diesem Augenblick atme ich weder aus, noch ziehe ich den Atem ein. Ich lasse einfach geschehen. Dann strömt die Luft von selbst in mich hinein. Das rhythmische Beten verlangt eine gute Atemtechnik. Man betet nicht irgendwie, sondern man passt den Psalmengesang an den Atem an. In der Mitte des Psalmverses gibt es einen Augenblick zum Atemholen. Das ist zugleich der Moment, in dem die Sehnsucht, die durch das Singen im Herzen entfacht wurde, sich in der Seele ausbreiten kann. Das Atmen ist also durchaus ein spiritueller Weg für Benedikt, auch wenn er nichts darüber schreibt.

Für die frühen Mönche war es üblich, bei der Meditation den Atem als spirituelles Mittel einzusetzen. Doch die Mönche haben diese Methode nicht erfunden. Sie geht zurück auf die Erfahrungen, die alle Kulturen gemeinsam haben: Zur Meditation gehört immer auch der richtige Umgang mit dem Atem.

Mit allen Sinnen – sehen, hören, riechen, schmecken, tasten

Die Mönche haben Gott mit ihren fünf Sinnen in der Schöpfung wahrgenommen. Gott können wir nicht sehen, doch wir können Gottes Schönheit in der Schöpfung und in den Werken der Kunst betrachten. Wenn wir ganz im Schauen aufgehen, werden wir eins mit dem Geschauten. Mit der Natur und mit der Kunst, die zu einem Kloster gehört. Das Auge braucht Schönes, damit es sich in die Seele ein-bildet und so die Seele schön macht.

Hören bezieht sich nicht nur auf Worte, sondern auch auf die Geräusche der Natur. Wir lauschen dem Rauschen des Windes, wir hören das Singen der Vögel und das Zirpen der Grillen. Dass wir auch das Unhörbare hören, wird vor allem bei Musik deutlich. Da hören wir über diese Welt hinaus, denn Hören ist ein transzendenter Sinn. Martin Heidegger (1889–1976) meint, Schauen führe in die Freiheit, Hören in die Geborgenheit. Wenn wir hören, fühlen wir uns zugehörig. Im Horchen auf die Stimmen der Natur fühlen wir, dass wir zu ihr und uns selbst gehören.

Viele Klöster liegen abseits großer Städte in herrlichen Landschaften. Ordensmenschen sind dadurch eng mit der Natur verbunden.

Riechen ist ein sehr emotionaler Sinn. Wichtige Ereignisse unserer Kindheit haben sich mit bestimmten Gerüchen verbunden, die bei manchen unwillkürlich wieder hochkommen, wenn sie von einschneidenden Erlebnissen erzählen. Oder umgekehrt: Wenn sie durch die Landschaft gehen und ihnen ein bestimmter Geruch in die Nase steigt, dann erinnern sie sich an ein bestimmtes Ereignis aus der Kindheit. Jede Landschaft riecht anders. Und sie riecht im Sommer anders als im Winter, im Herbst anders als im Frühling, bei Regen anders als bei Sonnenschein. Gerüche aufzunehmen tut gut. Wir fühlen uns eins mit uns selbst.

Ähnlich ist es mit dem Schmecken. Wir sagen, dass jemand einen guten Geschmack habe, dass ein Gespräch mit ihm einen angenehmen oder einen bitteren Nachgeschmack hinterlasse. Schmecken kann auch etwas Ekstatisches sein. Wenn wir einen guten Wein trinken und ganz im Schmecken sind, dann erhebt es unser Herz. Wir fühlen uns auf eine andere Ebene gehoben. Die Mystiker sprechen vom Schmecken der Süßigkeit Gottes, dem »dulcedo dei«. In der Eucharistiefeier essen und trinken wir den Leib und das Blut Jesu Christi. Dadurch werden wir eins mit der menschgewordenen Liebe Gottes.

Der fünfte Sinn, das Tasten, ist Ausdruck von Liebe. Wir berühren einen Menschen zärtlich, wenn wir ihn lieben. Gott selbst berührt uns liebevoll durch seine Schöpfung. Wenn wir uns in den Wind stellen, fühlen wir uns von Gott gestreichelt, bei Sturm vielleicht innerlich gereinigt und entstaubt. Indem wir zartes Gras betasten, ahnen wir etwas von der Zärtlichkeit Gottes, die er in seine Schöpfung hineingelegt hat und mit der er uns in seiner Schöpfung umarmt.

Klostergarten und Kreuzgang

Jedes Kloster hat einen Kreuzgang, er ist ein wesentlicher Bestandteil. Der Kreuzgang ist gebaute Stille. Er ist Ausdruck für die Abgeschlossenheit, dem »claustrum« der Mönche. Hier sind sie für sich und können ihre Gottsuche wandernd und wandelnd üben. Der Kreuzgang ist gebaute Ordnung. Alles ist klar. Alles führt zur Kirche hin. Und er ist gebaute Wegtheologie. Die wichtigste Aufgabe des Mönches ist es, Gott zu suchen. Das deutsche Wort »suchen« kommt aus der Jagdsprache und meint, der Spur des Wildes nachzugehen, nachzuspüren. Wenn die Mönche durch den Kreuzgang wandeln, dann ist das konkrete Gottsuche. Sie spüren dem Geschmack Gottes nach, den sie in der Kirche beim Gottesdienst

Vom Kreuzgang in Waldsassen hat man einen Blick in den Innenhof des Klosters.

aufgenommen haben. Sie tragen die Flamme, die sie singend beim Chorgebet in sich entdeckt haben, mit in ihren Alltag hinein, indem sie achtsam und behutsam, gemessenen Schrittes, das im Gottesdienst mit Freude Empfangene wandelnd in sich bewahren.

Ein Kreuzgang ist normalerweise quadratisch. Das Quadrat ist für den griechischen Philosophen Plato (427–347 v. Chr.) Symbol für das absolut Schöne. Die vier Wandelgänge symbolisieren aber auch gleichzeitig das Begrenzte, die Erde. Doch meistens gewährt der Kreuzgang einen offenen Blick in den Himmel. Der Mönch geht also durch das Irdische, durch das Erdhafte hindurch. Das ist keine Flucht vor der Realität dieser Welt und vor der Wirklichkeit seines Leibes und seiner Seele – es ist seine Suche nach Gott.

Der Kreuzgang erinnert den Mönch, dass sein Weg ein Kreuzweg ist. Das Kreuz ist im Johannesevangelium Zeichen für die Liebe, mit der uns Jesus bis zur Vollendung geliebt hat. Indem der Mönch schweigend durch den Kreuzgang schreitet, begibt er sich in diese Liebe hinein, die alles in ihm berührt: seine Höhen und Tiefen, seine Licht- und Schattenseiten, die Abgründe seiner Seele und seine alltäglichen Konflikte. Der Kreuzgang lädt den Mönch ein, sich das Geheimnis seiner Erlösung wandelnd zu erschließen.

Der Kreuzgang umschließt den Klostergarten. Nach der Vesper gehe ich gern vom Kreuzgang in den Klostergarten und spüre die Abendkühle, höre das Zwitschern der Vögel und das Plätschern des Wassers im Brunnen. Es tut mir gut, das Kirchengebet im Klostergarten ausklingen zu lassen. Ich gehe die Wege entlang, sehe die Blumen, rieche ihren Duft und nehme die Weite der Schöpfung wahr. Mitten in der Enge weitet sich der Garten und mit ihm das Herz.

Die Mönche nennen ihren Klostergarten Paradiesgarten. Dort fühlen sie die Einheit mit Gott und mit der ganzen Schöpfung. Da ahnen sie etwas von dem ursprünglichen Einklang zwischen Gott, seiner Schöpfung und dem Menschen, der dazu bestellt ist, die Schöpfung zu hegen und zu pflegen.

Luft und Licht

Ohne Luft kein Atmen

Der von mir schon erwähnte Abendspaziergang ist ein Beispiel dafür, wie hilfreich es ist, frische Luft zu atmen. Wer dauerhaft auf frische Luft verzichten muss, wird im doppelten Sinne verkümmern. Die Art, wie Menschen atmen, sagt sehr viel über ihr Seelenleben aus. Wer häufig und ohne eine körperliche Kraftanstrengung vollbracht zu haben kurzatmig ist, steht meist unter Druck. Dies kann psychischer Druck genauso sein wie körperlicher Druck, etwa in Form von Übergewicht. Kurzatmigkeit entsteht auch, wenn Menschen zu wenig mobil sind. Jede Bewegung wird damit zur Mühsal.

Manche Menschen haben es verlernt, gleichmäßig und tief zu atmen. Manchmal hilft da nur noch eine Atemtherapie.

Im Kloster habe ich selten kurzatmige Menschen erlebt. Wie schon beschrieben, sind die Ordensmitglieder allein durch ihren Tagesablauf immer wieder auf den Beinen und verharren selten einen ganzen Tag in sitzender Haltung. Zudem hat Pater Anselm ja ganz anschaulich berichtet, dass die Schwestern und Mönche tiefes und gleichmäßiges Atmen täglich während der Chorgebete praktizieren. Wer da kurzatmig ist, wird schnell den Anschluss an Gebet und Gesang verlieren. Die Kantoren geben den Rhythmus vor, den dann der Konvent aufgreift, so muss jeder auf ausgeglichene Atemzüge achten.

Schwester Assumpta praktizierte regelmäßig eine Meditation, die auch gut ist für die Regulierung des Atems (siehe Kasten nächste Seite).

Machen Sie diese Meditation mindestens einmal am Tag. Spätestens vor dem Zubettgehen. Sie dauert nur wenige Minuten. Auch in Situationen, in denen Sie extrem unter Druck sind, können Sie sie einsetzen. Sie müssen in diesem Fall die Augen nicht verschließen, so bekommt Ihre Umgebung gar nichts davon mit. Diese Übung ist sehr effektiv und hilfreich. Regelmäßiges, profundes Atmen trainieren Sie automatisch mit.

Der Atem bestimmt unser Leben

- → Wie wir atmen, so leben wir.
- → Sie können dies sehr einfach an sich selbst beobachten:
- → Sind wir im Stress, geht unser Atem schnell, manchmal ist er sogar hörbar hektisch. Die Atemzüge werden kürzer, und uns geht im wahrsten Sinne des Wortes die Luft aus.
- → Unter Stress ist unser Atem häufig so oberflächlich, dass er die Lungenflügel kaum erreicht. Der Austausch von Sauerstoff (die Luft, die wir einatmen) und Kohlendioxid (die Luft, die wir ausatmen) ist dadurch nicht ausreichend gewährleistet.
- → Im entspannten Zustand atmen wir hingegen profund und regelmäßig.
- → Und im optimalen Fall atmen wir bis tief ins Becken hinein.
- → Durch Veränderungen der Atemtechnik können wir sogar unsere Stimmlage beeinflussen. Testen Sie selbst, welches Gefühl bei Ihnen entsteht, wenn Sie kurze und flache Atemstöße von sich geben. Da macht sich leicht Panik breit.
- → Versuchen Sie also, in angespannten, hektischen oder kritischen Situationen tief ins Becken hinein zu atmen, dann werden Sie allmählich zur Ruhe kommen.

Atemmeditation

- → Setzen Sie sich locker auf einen Stuhl und lehnen Sie den Rücken an.
- → Legen Sie die Hände in den Schoß, die Handflächen nach oben geöffnet.
- → Schließen Sie die Augen.
- → Atmen Sie tief ein und doppelt so lang wieder aus.
- → Gehen Sie jetzt gedanklich all Ihre Glieder durch und stellen Sie sich vor, wie die Härte von ihnen abfließt.
- → Beginnen Sie mit dem Kopf. Alles, was an Verspannungen und negativen Gedanken in ihm sitzt, fließt an Ihrem Körper ab und in den Boden hinein. Ihr regelmäßiger und tiefer Atem hilft Ihnen bei dieser Vorstellung.
- → Nun geht es weiter zu Ihrer Brust. Was auf ihr lastet, fließt mit den gleichmäßigen Atemzügen ab.
- → Nun der Bauch- und Schoßbereich. Lassen Sie die Verspannungen, die dort sitzen, mit Ihren Atemzügen von sich abfallen.
- → Weiter geht es in dieser Form mit Armen, Händen, Oberschenkeln, Unterschenkeln und Füßen.

Ohne Licht kein Sehen

Wer auf Dauer im Dunkeln lebt, wird depressiv. Das können wir in den dunklen Monaten auch an uns selbst beobachten. Die Sonne lässt uns dagegen aufleben. Geht es Ihnen nicht auch so, dass Sie manchmal am Schreibtisch sitzen und sich von einem Moment auf den anderen besser fühlen? Wenn Sie aus dem Fenster schauen, sehen Sie den Grund: Die Sonne ist hervorgekommen und gibt Ihnen neue Energie.

Pater Polykarp, der ja als Missionsbenediktiner in einem Kloster in Tanzania lebt, hat mir sehr anschaulich beschrieben, welchen Einfluss die Sonne auf ihn hat: »In Afrika schöpfe ich Kreativität durch die Natur, das Licht und die Farben.« Das Licht wirkt auch noch in ihm, wenn er auf Urlaub in Deutschland ist.

Licht gibt uns nicht nur Energie, es lässt uns auch klarer sehen, die Dinge besser analysieren. »Bei Licht betrachtet« ist ja auch eine Redewendung.

Das richtige Licht ist auch für die Künstler unter den Ordensleuten wichtig. Im Atelier von Pater Meinrad.

Die Menschen in den Klöstern nutzen das Licht so weit wie möglich aus. Früher war es Notwendigkeit, vor Sonnenaufgang aufzustehen und die hellen Stunden bis zur Dämmerung für die Arbeiten draußen zu nutzen – auf dem Feld, im Weinberg, in den Gärten. Künstliches Licht gab es noch nicht, und Kerzen waren teuer. Aus diesem Grund sollte auch die letzte Mahlzeit des Tages noch bei Sonnenlicht eingenommen werden.

Auch heute noch orientiert sich der Rhythmus der Klöster im Wesentlichen nach diesem Prinzip. Zwar hat auch dort das künstliche Licht längst Einzug gehalten, aber mit Sonnenlicht ist der Mensch wacher, und vieles geht leichter von der Hand.

Mit allen Sinnen – sehen, hören, riechen, schmecken, tasten

Wenn man die Ausstattung mancher Klöster ansieht, merkt man, dass die Klostermenschen sinnenfreudig waren. Im Kloster Waldsassen geht es einem beispielsweise so, wenn man die Klostertrakte, die Basilika und die zum Weltkulturerbe gehörende Stiftsbibliothek durchschreitet.

In manchen Klöstern hängen Kunstwerke an den Wänden, nach denen sich jedes Museum die Finger abschlecken würde. Dies steht nur vermeintlich in krassem Gegensatz zu der Tatsache, dass sich die Ordensleute für sich persönlich nur das Nötigste genehmigten und ihre Klosterzellen karg ausstatteten. Gemeinschaftszimmer und Räume, die Gott geweiht waren, sollten in Pracht erstrahlen.

Auch heute ist es noch so, dass die Zimmer der Ordensmitglieder schlicht ausgestattet sind. Nonnen und Mönche verfügen nicht über eigenes Geld. Was sie an Vermögen beim Eintritt ins Kloster mitbringen, geht in den Besitz des Konvents über. Bei einer notwendigen Anschaffung muss die Äbtissin beziehungsweise der Abt gefragt werden. Doch auch in modernen Klöstern sind die Räume, die von der Klostergemeinschaft genutzt werden oder öffentlich zugänglich sind, repräsentativ ausgestattet.

Auch das Gehör wird im Kloster geschult. Im Zuhören und Singen üben sich die Ordensmitglieder täglich. Und Musik ist ein wichtiges Element im Klosteralltag. Schwester Bernadette, die nie ein Instrument spielte, lernt in Waldsassen

Klöster wecken und schärfen die Sinne

Klöster sind Orte, an denen die Sinne wachgerüttelt und geschärft werden:

→ Sie bieten etwas für das Auge. Denn sehen bedeutet auch entdecken.

→ Sie bieten etwas für das Ohr. Denn hören heißt nicht nur Worten lauschen, sondern sie auch aufnehmen und umsetzen.

→ Sie bieten etwas für die Nase. Denn riechen bedeutet aufmerksam sein, Emotionen wecken.

→ Sie bieten etwas für den Gaumen. Denn schmecken bedeutet etwas aufnehmen.

→ Sie bieten etwas für die Hände. Denn tasten bedeutet sensibel sein.

nun das Orgelspiel. Irgendwann einmal soll sie Organistin der Klosterkirche werden. Aber auch alle anderen Novizinnen und Novizen erhalten Musik- und Gesangsunterricht – damit die Sinne geschärft werden.

Bruder Nicolas ist Kantor in Münsterschwarzach: »Sich in die Melodie fallen zu lassen, gibt mir sehr viel Kraft.«

Schärfung der Sinne bedeutet aber auch, dass man zu seinem alltäglichen Umfeld immer wieder einmal Abstand gewinnen muss, um es weiterhin zu schätzen. »Ab und zu durch eine Fußgängerzone zu laufen, genieße ich richtig«, sagt Bruder Nicolas, der aus Frankfurt am Main stammt, »Trubel und unter vielen Menschen zu sein, mag ich auch. Aber dann bin ich auch wieder froh, hierher zurückkehren zu können.« Alles zur rechten Zeit und im rechten Maß eben.

Klostergarten und Kreuzgang

Kreuzgang und Klostergarten sind Orte, an denen die Sinne in besonderem Maße geschärft werden. Wer einmal die Chance hat, den Kreuzgang eines noch bewohnten Klosters zu durchschreiten, wird dies schnell feststellen. An manche historischen Kirchenbauten schließen sich Kreuzgänge an, die man durchschreiten kann. Ein erhebendes Gefühl. Automatisch senkt man die Stimme und ist von der Ausstrahlungskraft gefangen. Achten Sie in einer solchen Situation einmal auf die bauliche Struktur, auf die ausgewogenen Proportionen und auf dekorative Details. Die alten Baumeister haben alles mit Bedacht gestaltet, sodass die Wirkung bis heute geblieben ist.

Leider ist nicht in jedem Kloster der Kreuzgang für Gäste zugänglich, etwa dann nicht, wenn er in der Klausur liegt. Dies ist zum Beispiel auch in Münsterschwarzach der Fall. Für die dortigen Mönche ist der Kreuzgang ein Rückzugsort, der sicherlich bei einem Konvent dieser Größenordnung auch wichtig ist.

» *Ich setze mich in die Natur, um zur Ruhe zu kommen. Ich lausche auf die zarten Töne, dann kommt aller Unmut raus und verflüchtigt sich.* «

Pater Edmar

Ein heimisches »Paradies«

Schaffen Sie sich ein kleines heimisches Paradies.

→ Zum Beispiel eine Ecke Ihrer Wohnung, die Sie in Ihrer Lieblingsfarbe mit besonders schönen Gegenständen ausstatten

→ oder einen Pflanzentrog mit Ihren Lieblingsblumen auf dem Balkon

→ oder eine Nische für Ihre Duftlampe

→ oder ein kleines Kräuterbeet in Ihrem Garten.

Kreuzgänge sind Horte der Stille und der Erbauung. Oft ist in ihrer Mitte ein kleines Gewässer, beispielsweise ein Brunnen. Sie sind ein Abbild der Natur. Hierher können sich die Klostermitglieder zurückziehen und die Natur in Miniatur auf sich wirken lassen.

Manche Klostergärten sind ein Fest fürs Auge. Da verschlägt es einem die Stimme, und man möchte nur schauen und lauschen. Pater Anselm schreibt, dass die Mönche den Klostergarten Paradiesgarten nennen. Was kann es Schöneres geben als das Paradies!

Blumenschmuck gehört in jedes Kloster. In Waldsassen ist dafür die zur Floristin ausgebildete Oblatin (Seite 205) Roswitha verantwortlich.

Das Wasser

In jedem Klostergarten gibt es einen Brunnen. Heute sind es oft nur mehr Zierbrunnen. Doch früher trank man aus dem Brunnen das klare, frische Wasser. Am Berg Athos habe ich die belebende Wirkung der vielen Brunnen auf neue Weise erfahren. Sie erfrischen nicht nur den müden Wanderer. Während der langen Nachtgottesdienste gehen die Mönche immer wieder mal hinaus und nehmen etwas Wasser aus dem Brunnen, um sich das müde Gesicht feucht zu machen. Reines, klares Wasser zu trinken ist auch heilend.

Eines der ersten Projekte der Abtei (Seite 204) Münsterschwarzach nach der Neubesiedelung 1913 war der Bau des Brunnens. Daraus beziehen wir noch heute unser Wasser. Und wir gewinnen heute noch Strom über den Kanal, den die Mönche von der Schwarzach abgezweigt haben, um ihre Mühle zu betreiben.

In Klöstern findet man immer wieder Teiche, Brunnen und Bäche. Das Wasser ist für Ordensmenschen ein Symbol für Leben.

Wasser als Bewegungselement

Die heilende Wirkung des Wassers hat im 19. Jahrhundert der katholische Pfarrer Sebastian Kneipp in Form des Wassertretens neu entdeckt und zur Grundlage seiner Therapie gemacht. Eine andere beliebte Art, sich im Wasser zu bewegen, ist das Schwimmen. Wir wissen heute, dass Schwimmen dem Körper gut tut, zum Beispiel hilft es bei Rückenproblemen. In einem See oder Fluss zu schwimmen übt eine ganz besondere Faszination aus. Ich schwimme, lasse mich vom Wasser tragen und schaue in eine wunderbare Landschaft. Ich spüre die ursprüngliche Kraft und Frische, die von natürlichen Wasserläufen ausgeht.

Wir hatten in unserem Kloster immer einen Schwimmweiher. Da die Pflege für die Mitbrüder zu aufwändig wurde, haben wir im Keller ein kleines Schwimmbad eingerichtet. Man muss sich zwar dazu aufraffen und sich die Zeit dafür gönnen. Wer es aber tut, erfährt die heilsame Wirkung des Schwimmens.

Wasser als heilendes Element

Das Wasser spielt für die Mönche aber auch auf ihrem geistlichen Weg eine wichtige Rolle. Wenn sie die Kirche betreten, nehmen sie Weihwasser. Sie bekreuzigen sich damit und erinnern sich dabei an ihre Taufe. In der Taufe wurden sie mit Wasser besprengt, als Symbol dafür, dass sie von nun an die Quelle des hl. Geistes in sich haben, die nie versiegt, weil sie göttlich ist. Und damit sie von allen Trübungen, die sich auf sie gelegt haben, gereinigt werden und ihr ursprünglicher Glanz immer wieder neu erstrahlt.

Oft sehen wir uns nicht so, wie wir sind. Unser Selbstbild ist getrübt von Bildern, die andere uns überstülpen, von Erwartungen, denen wir entsprechen sollen, und von Vorurteilen, die uns anhaften. Wenn wir uns mit Weihwasser bekreuzigen, drücken wir aus, dass wir alles Trübe klären: in unserem Denken (wir berühren die Stirn), in unserer Vitalität und Sexualität (wir berühren den Unterbauch), in unserem Unbewussten (die linke Schulter) und in unserem Handeln (die rechte Schulter).

Im Johannesevangelium geschehen die wichtigsten Krankenheilungen an Quellen oder Teichen. Die Juden glaubten, wenn man einen Kranken in den Teich von Bethesda tauchte, würde er geheilt, sobald dort das Wasser aufwallt. Jesus

Im herrlichen Garten von Kloster Waldsassen.

dagegen bringt durch sein Wort die Menschen mit ihrer inneren Quelle in Berührung. Dadurch geschieht Heilung. Jeder von uns hat in sich eine Quelle heilender Kräfte. Aber oft genug ist der Weg zu ihr abgeschnitten. Die Worte der Bibel wollen uns mit dieser inneren Quelle in Berührung bringen, damit sie uns heilend durchströmt.

Schon die frühen Mönche kannten die Praxis der Meditation mithilfe des Wassers. Wenn wir uns ans Wasser setzen und einfach die Wellen eines Flusses oder Sees betrachten, dann hat das eine beruhigende und heilende Wirkung. Das Wasser ist voller Symbolik. Es fließt seit Jahrhunderten und relativiert daher unsere alltäglichen Probleme. Es nimmt mit, was uns belastet. Langsam strömendes Wasser beruhigt die Seele. Wir kommen in Berührung mit unserer Seele, wenn wir an einem See sitzen und im Betrachten des Wassers uns selbst vergessen. Wir sind ganz im Augenblick, ganz gegenwärtig, ganz im Fluss.

Das Wasser

Wasser als Lebenselixier

Wasser ist ein Lebenselixier. Der Mensch besteht zu rund 70 Prozent aus Wasser. Mit Wasser werden wir getauft, mit Wasser reinigen wir uns, und Wasser benötigen wir zur Lebenserhaltung. Wir können eine gewisse Zeit ohne feste Nahrung auskommen, aber nicht ohne Flüssigkeit.

Wer »mit allen Wassern gewaschen« ist, wie der Volksmund sagt, ist wachsam, aufmerksam, lässt sich nicht übers Ohr hauen. Wer sich »gerade mal eben so über Wasser halten« kann, steckt in einer Krise. Der Begriff »Wasser« ist in unserer Umgangssprache zu einem Symbol für Lebensfähigkeit geworden.

Viele Klöster liegen am Wasser: an Seen, an Flüssen oder am Meer. Die Lage war für die Wasserversorgung wichtig: für die Mobilität der Mönche, denn das Wasser ist ein Transportweg, und für die Anbindung an die restliche Zivilisation. Wasser wurde von den Ordensleuten aber auch immer als Energiespender gesehen, als Symbol für den Lauf des Lebens.

Ich habe in Klöstern immer wieder Gewässer entdeckt – Teiche, kleine Wasserläufe, Brunnen zum Beispiel. Im Kreuzgang von Waldsassen befindet sich ein Wasserhahn, aus dem kontinuierlich Wasser in ein kleines Becken läuft. Wenn man den Kreuzgang betritt, hört man schon aus der Ferne dieses gleichmäßige, beruhigende Geräusch. Wenn man sich der Wasserquelle nähert, spürt man angenehme Erfrischung.

Äbtissin Laetitia hat einen Brunnen in ihrem Wappen (Seite 205), das für jeden Abt beziehungsweise jede Äbtissin nach deren Wahl gestaltet wird. Die Ordensfrau liebte das Wasser schon immer: »Ich war immer wieder blaugefroren, wenn ich mit meinen Eltern zum Schwimmen in Gebirgsseen ging, denn ich wollte aus dem eiskalten Wasser nicht mehr heraus, weil es mich so faszinierte.«

Wasser ist etwas Archaisches, wie die Lebensform der Nonnen und Mönche. Deshalb passt es gut in ein Kloster. Klosterleute verwenden hin und wieder den Begriff der »inneren Quelle«, wenn sie die Einkehr in sich selbst meinen. Pater Anselm schreibt über diesen Begriff. Auch Äbtissin Laetitia erwähnt ihn im

Gespräch mit mir: »Das Wichtigste ist, dass meine innere Quelle nicht versiegt und ich mit ihr in Berührung komme.« Damit drückt sie aus, wie wichtig es ist, aus sich selbst schöpfen zu können.

Wasser ist ein Symbol für das Leben. Es bedeutet: Kontinuität – Beständigkeit – Klarheit – Erfrischung – Belebung – Reinigung – Vertrauen.

Wer in einen Wasserspiegel schaut, wird sich selbst entdecken, unverfälscht. Voraussetzung ist allerdings, dass das Wasser klar ist. Wer dagegen »im Trüben fischt«, wird selten etwas Gutes herausholen. Anders ausgedrückt bedeutet dies, dass wir uns so sehen sollen, wie wir sind und auch auf andere wirken. Das kann manchmal hart und schmerzhaft sein. Aber wer ein trübes, also verfälschtes Bild von sich hat, kann sich und anderen nicht aufrichtig begegnen.

Deshalb also wagen Sie den ehrlichen Blick. So wie Schwester Assumpta sagte, mit einem Blick, der kein Wässerchen trüben konnte: »Wir sollten öfter mal etwas wagen und nicht so viel grübeln. Einen Sprung ins kalte Wasser machen. Das trägt schon.«

Wasser als heilendes Element

Wasser reinigt äußerlich, vollzieht aber auch eine innere Reinigung. In der Bibel liest man an verschiedenen Stellen von der heilenden Wirkung des Wassers.

Und es war ein Theologe, der die heilende Wirkung des Wassers am eigenen Leib erfuhr und eine Wasserkur entwickelte, die heute noch angewendet wird: Pfarrer Sebastian Kneipp (1821–1897) erkrankte als 24-Jähriger an Lungentuberkulose. Er kurierte sich selbst, indem er zwei- bis dreimal pro Woche in der kalten Donau schwamm. Seine Erfahrungen setzte er als Hausgeistlicher bei den Dominikanerinnen in Bad Wörishofen ein. In diesem Kloster kann man übrigens auch heute noch Kneipp-Anwendungen erhalten.

Auch einzelne andere Klöster therapieren mit Wasser. Die Dominikanerinnen im Kloster Koblenz-Arenberg beispielsweise. Sie haben ein ganz modernes Vital-Zentrum, in dem man das besondere Vergnügen haben kann, von einer Ordensfrau behandelt zu werden.

Man wird danach spüren, wie belebt und quasi neu geboren man dem Wasser entsteigt. Im Kleinen spürt man dies ja bereits nach einem entspannenden Bad in der heimischen Wanne.

Wasser als Bewegungselement

Sich im Wasser zu bewegen hat nochmals eine ganz andere Dimension als die Bewegung an der Luft. Man spürt eine Leichtigkeit und Biegsamkeit, die ungeheuer motivierend ist. Kein Wunder, dass sich Kinder stundenlang im Wasser aufhalten möchten, selbst solche, die sonst zu den Bewegungsmuffeln gehören. »Sport, auch Wassersport, ist für mich eine der schönsten Möglichkeiten, Kinder zu formen«, sagt der Sportlehrer Pater Edmar.

Aber auch viele Erwachsene begeistern sich für das Wasser. Beim Schwimmen ist ganzer Körpereinsatz gefordert. Man fühlt sich nachher sehr entspannt, speziell, wenn man mit Rückenproblemen zu kämpfen hat. Wasser ist also ein Labsal für Körper, Geist und Seele. Kein Wunder, dass Wasser im monastischen Leben eine wichtige Rolle spielt.

Wassermeditation

Die belebende und reinigende Wirkung des Wassers spüren Sie auch bei einer Wassermeditation:

- → Setzen Sie sich an einem sonnigen Tag an ein Gewässer, in dem sich Ihr Gesicht spiegeln kann.
- → Betrachten Sie Ihr Spiegelbild ganz genau.
- → Was entdecken Sie an sich selbst? Sind es Dinge, die Ihnen gut oder weniger gefallen?
- → Betrachten Sie sich wohlgefällig und lächeln Sie sich zu.
- → Schauen Sie zur Probe auch einmal grimmig ins Wasser.
- → Gleich werden Sie spüren, wie sich Ihre Stimmung verändert – da ist das Lächeln doch viel besser.
- → Schauen Sie, wie Ihr Spiegelbild sich verändert, wenn das Wasser unruhig wird, wenn es Wellen gibt.
- → Und erfahren Sie, wie klar es ist, wenn das Wasser wieder ruhig ist.
- → Verharren Sie so einige Minuten in Stille und Unbeweglichkeit, und atmen Sie tief und regelmäßig.

Allmählich wird sich Entspannung einstellen.

Leib und Seele Gutes tun

Regelmäßige Mahlzeiten mit ausgewogener Ernährung und die tägliche Beschäftigung mit geistlicher Lektüre sind wichtige Bestandteile klösterlicher Traditionen.

Die Ernährung

Wann, wie und wie häufig am Tag essen – je nach Jahreszeit

Benedikt hat in seiner Regel ein eigenes Kapitel dem Maß der Getränke und ein anderes dem Maß der Nahrung gewidmet. Letzteres besagt, dass bei jeder Mahlzeit zwei gekochte Speisen gereicht werden sollen, »entsprechend den verschiedenen Bedürfnissen« (Die Benediktusregel 39,1). Und: »Gibt es Obst oder frisches Gemüse, so reiche man es zusätzlich.« (Die Benediktusregel 39,3.)

Fleisch von vierfüßigen Tieren sieht Benedikt nicht vor. Es kann höchstens sehr schwachen Kranken gewährt werden. Und wenn die Arbeit etwas härter ist, so liegt es im Ermessen des Abtes, etwas größere Portionen anzubieten. Aber Unmäßigkeit soll sich nicht einschleichen. »Die Unmäßigkeit ist vor allem zu vermeiden; bei einem Mönch komme es nie zur Übersättigung, denn nichts verträgt sich weniger mit einem Christen als die Unmäßigkeit.« (Die Benediktusregel 39,7 f.) Benedikt weiß, dass Essen viel über den Charakter eines Menschen aussagt. Wenn jemand Speisen in sich hineinschlingt, so wird er auch Menschen »verschlingen« und die Natur ausbeuten. Er geht weder mit sich noch mit anderen behutsam um. Seine Gier wird sich in allem zeigen, was er in die Hand nimmt. Deshalb ist Essen auch eine spirituelle Aufgabe.

Benedikt bestimmt das Maß der Nahrung und der Getränke mit einigen Bedenken. Aber er weiß: »Jeder hat seine Gnadengabe von Gott, der eine so, der andere so.« (Die Benediktusregel 40,1.) So meint er, dass sich Wein für Mönche eigentlich gar nicht gezieme. Doch davon konnte Benedikt schon damals die Mönche nicht überzeugen. Deshalb legte er fest, »dass für jeden täglich eine Hemina Wein genügt«. (Die Benediktusregel 40,3.) Wie groß diese Hemina sein soll, darüber streiten die Mönche seit jeher. Aber ganz gleich, wie viel Benedikt den Mönchen genau zubilligt, entscheidend ist jedenfalls, nicht im Übermaß zu trinken. Wasser dagegen sieht Benedikt ohne Begrenzung vor.

Seite 172/173: In den Klöstern legt man Wert auf körperliche und geistige Nahrung.

In den meisten Klöstern wird bei Tisch geschwiegen. Die Äbtissin oder der Abt läutet den Tischdienern, wenn das Essen aufgetragen werden soll.

Der klösterliche Speiseplan und die Essenskultur

Benedikt geht es nicht nur um das rechte Maß, sondern auch um eine gesunde Ernährung. Über die Jahrhunderte hat sich ein klösterlicher Speiseplan herausgebildet: vegetarische Kost mit viel Obst, Gemüse und Salat. Fleisch wird nur den Kranken gereicht. Im Lauf der Zeit haben sich die Mönche allerdings zunehmend an die gängigen Essgewohnheiten ihrer Umgebung angepasst. Doch in den letzten Jahren ist wieder ein neues Bewusstsein für eine gesunde Ernährung erwacht. Dieses Bewusstsein bringt automatisch auch eine Stärkung des geistlichen Lebens mit sich.

Benedikt weiß um die Gefahr, dass Mönche gelegentlich ihre Frustration über ihre Ehelosigkeit mit Essen und Trinken kompensieren. Nicht zuletzt deshalb warnt er vor Unmäßigkeit. Da diese Gefahr auch heute noch besteht, muss sich die Gemeinschaft immer wieder Gedanken über ihren Lebensstil machen, ganz besonders hinsichtlich des Essens und des Trinkens. Je größer allerdings eine Gemeinschaft ist, desto größer muss auch die Auswahl der Speisen sein. Denn beim Essen kann man nicht für alle eine einheitliche Regelung festlegen.

Noch etwas anderes ist Benedikt beim Essen und Trinken wichtig: Er schafft damit eine Kultur. Die gemeinsame Mahlzeit hat klare Rituale, die die Mönche in die Nähe der Eucharistie bringen. Der Mönch soll sich immer bewusst sein, dass er Gottes gute Gaben genießen darf. Wenn er dies bedenkt, wird er bedächtig und achtsam essen.

Das gemeinsame Mahl wird durch ein Gebet im Stehen eingeleitet. Dann setzen sich alle und hören einige Augenblicke auf die Lesung. Beim Mittagstisch wird zuerst aus der Heiligen Schrift gelesen. Dann folgt die Lesung aus einem vom Prior ausgewählten Buch, etwa eine Biographie. Abends wird zuerst ein Kapitel aus der Regel gelesen, danach aus einem spirituellen Buch. Nach den ersten Sätzen des Tischlesers klopft der Abt. Die Tischdiener verneigen sich und tragen die Speisen auf. Während des ganzen Essens wird geschwiegen. Jeder lauscht dem Tischleser. »Es herrsche größte Stille. Kein Flüstern und kein Laut sei zu hören, nur die Stimme des Lesers.« (Die Benediktusregel 38,5.) Damit ist das Mahl nicht nur leibliche, sondern auch seelische Nahrung. Auch darin wird die Nähe zur Eucharistie sichtbar, in der uns das Wort Gottes genauso nährt wie der Leib und das Blut Jesu Christi.

Die Ernährung

Wann, wie und wie häufig am Tag essen

Wir bekommen heute 24 Stunden am Tag und fast überall etwas zu essen. Rund um die Uhr sind Restaurants und Imbissstände geöffnet, Supermärkte an Bahnhöfen oder Flughäfen ebenfalls. Das ganze Jahr über können wir inzwischen so gut wie alle Nahrungsmittel kaufen: Erdbeeren und Spargel im Winter, Trauben im Frühjahr und Maroni im Sommer.

Und was ist die Folge? Das Essen ist zu einer Selbstverständlichkeit geworden, ohne große Bedeutung. Man schiebt es mal eben so im Vorbeigehen rein. Viele Menschen sind dadurch undiszipliniert. Sie bereiten Essen nicht mehr selbst zu, sondern kaufen Fertiggerichte, die sie nur aufwärmen müssen. Sie setzen sich nicht mehr an einen gedeckten Tisch. In manchen Familien mümmelt jeder dann etwas in sich rein, wenn er Hunger hat. Der Nachwuchs vor dem Computer oder mit dem Gameboy, die Eltern vor dem Fernseher. Mit dem Essen wird oft auch Frust, Einsamkeit, Sprachlosigkeit in sich reingestopft. Dass gerade viele Kinder und Jugendliche heute Übergewicht haben, ist nicht erstaunlich. Auf der anderen Seite gibt es Menschen, die dem Diätkult anhängen. Ständig probieren sie eine neue »Kur« aus, um ihr Gewicht zu reduzieren oder zu halten.

Wir haben eindeutig an Esskultur verloren. Von den Ordensleuten können wir da manches lernen. Ich bin in Klöstern immer sehr gut verköstigt worden. Es gab meist bodenständige, schmackhaft zubereitete Kost. Die erste Mahlzeit am Morgen ist ein echtes »Früh-«stück – in vielen Klöstern zwischen 7 Uhr und 7.30 Uhr – mit verschiedenen Brot- und Brötchensorten, Käse, Wurst, Honig, Marmelade, Kaffee oder Tee. Eine solche Mahlzeit rüstet für die erste Hälfte des Tages.

Das Mittagessen findet in den meisten Klöstern um 12 Uhr statt, nach dem Mittagsgebet, der Mittagshore. In allen Klöstern, die ich besuchte, gab es eine Suppe, eine Hauptspeise und einen Nachtisch. Schüsseln mit den Speisen wurden auf den Tisch gestellt, man konnte also nachfassen. Viele Klöster bieten ihren Gästen gegen 15 Uhr noch Kaffee und Kuchen an.

Die Abendmahlzeit findet in den meisten Klöstern, bei denen ich zu Gast war, nach der Vesper, also dem Abendgebet, um 18 Uhr statt. Es gab meist kalte Speisen: Brot, Käse und Wurst, manchmal auch einen Salat dazu. Für uns außerhalb der Klostermauern ist das ein recht früher Zeitpunkt, der aber sinnvoll ist, weil man nicht mit vollem Magen zu Bett geht. Außerdem muss man bedenken, dass der Tag für die Ordensmitglieder sehr früh beginnt. Demzufolge finden auch alle Mahlzeiten im Kloster früher statt als im weltlichen Leben.

Ehrlich gesagt, kam ich mir nach einigen Klostertagen etwas »genudelt« vor, wenn ich auch noch das Angebot des Nachmittagskaffees wahrgenommen hatte. Und mittags gab es manchmal ziemlich große Fleischportionen. Ich kann mir nicht so ganz vorstellen, dass dies noch im Sinne des hl. Benedikt ist. Aber vielleicht war das auch nur ein Zeichen der klösterlichen Gastfreundschaft, die beinhaltet, dass dem Gast reichlich und nur das Beste aufgetischt wird.

Bruder Ethelbert, der Küchenchef in Münsterschwarzach, möchte, dass seine Gäste zufrieden vom Tisch aufstehen. In seiner Küche bereitet er mit seinen 14 weiblichen Küchenhilfen täglich 450 Mahlzeiten zu – für Ordensmitglieder,

Gäste, Angestellte und auch für Schüler des zum Kloster gehörenden Egbert-Gymnasiums.

In manchen Klöstern bekommen die Mitglieder des Konvents andere Speisen als die Gäste. »Wir essen nur an drei Tagen pro Woche Fleisch«, berichtet Schwester Raphaela aus Waldsassen, »insgesamt achten wir auf eine ausgewogene Ernährung.«

Wie Pater Anselm beschreibt, legte der hl. Benedikt exakt Anzahl und Zeiten der täglichen Mahlzeiten fest. In den Fastenphasen aß man in den Klöstern nur einmal täglich. Ansonsten gab es zwei Mahlzeiten, wobei die Hauptmahlzeit immer um die Mittagszeit, genau gesagt zur sechsten Stunde nach Sonnenaufgang, stattfand. Vor Sonnenuntergang, jedoch spätestens um 19 Uhr, gab es das Abendbrot. Es sollte so eingenommen werden, dass man bei Tisch kein Kerzenlicht benötigte. Das Frühstück dagegen findet in der monastischen Literatur keine Erwähnung.

Für Benedikt gab es wesentliche Gründe, die Mahlzeiten zu festen Zeiten einzunehmen: Das Mittagsmahl teilte den Tag in zwei etwa gleich große Blöcke, und das Abendessen beendete ihn.

Vom Rhythmus der klösterlichen Mahlzeiten lernen

- → Die erste Mahlzeit des Tages, das »Früh-«stück, wirklich früh stattfinden lassen.
- → Die zweite Mahlzeit, das »Mittag-«essen, zur Mitte des Tages, also zwischen 12 Uhr und 13 Uhr.
- → Das Abendessen vor 19 Uhr, damit man nicht die Last der Mahlzeit mit ins Bett nimmt.
- → Keine Zwischenmahlzeiten. In den Klöstern haben Ordensmitglieder und Gäste keinen Zugang zum Kühlschrank, um zwischendurch etwas reinzuschieben. Sie setzen sich daher auch mit gesundem Appetit an den Tisch.
- → Grundsätzlich: Mahlzeiten regelmäßig einnehmen und sie nur ausfallen lassen, wenn ein triftiger Grund vorliegt.
- → Außerdem: Die Mahlzeiten immer zur gleichen Zeit einnehmen.
- → Die Hauptmahlzeit sollte immer zur Mitte des Tages sein.
- → Am Abend statt üppiger Speisen nur leichte Kost zu sich nehmen.

» *Ich finde es gut, dass wir während der Mahlzeiten nicht sprechen, die Konversation ist manchmal doch recht mühsam und lenkt vom Essen ab.* «

Bruder Robert

Diese Vorgaben sind auch nach rund 1500 Jahren noch sinnvoll, denn die Beschränkung auf maximal drei Mahlzeiten am Tag ist empfehlenswerter als die manchmal heute empfohlenen vielen kleinen Snacks. Der Körper wirft bei jeder Nahrungsaufnahme sein komplettes Verdauungsprogramm an. Und wenn dem Magen ständig neue Nahrung zugeführt wird, muss er permanent arbeiten.

Aus dem gleichen Grund ist auch ein Abendessen vor 19 Uhr sinnvoll. Späte Mahlzeiten belasten den Körper und verursachen Schlafprobleme, weil die Darmtätigkeit den Körper nicht zur Ruhe kommen lässt. Deshalb sollte man am Abend auch leicht verdauliche und nur kleine Gerichte verzehren.

Noch etwas können wir im Hinblick auf die Mahlzeiten von den Klöstern lernen: Dort nehmen die Mitglieder des Konvents die Mahlzeiten gemeinsam ein. Und sie geben ihnen einen Rahmen, der von Kloster zu Kloster leicht variiert, aber im Grundsatz ähnlich ist: Die Mahlzeit beginnt mit einem gemeinsamen Gebet und wird dann von einer Lesung begleitet. Gegessen wird schweigend. Den Abschluss der Mahlzeit bildet wieder das gemeinsame Gebet.

In manchen Klöstern mit wenigen Ordensleuten habe ich auch schon erlebt, dass vor der Mahlzeit eine kleine Lesung erfolgt, man dann gemeinsam das Gebet spricht und sich anschließend an den Tisch setzt. Manchmal hört man im Refektorium, dem klösterlichen Speisesaal, während des Essens Musik. An manchen Tagen gibt es auch die sogenannte Tischrekreation (Seite 205). Dies bedeutet, dass man sich während des Essens unterhält.

In einem bestimmten Turnus hat jedes Konventmitglied Tischdienst. Wer an der Reihe ist, bedient seine Mitschwestern oder Mitbrüder, deckt den Tisch und räumt ihn nach dem Essen wieder ab. Die Tische sind schlicht, aber geschmackvoll gedeckt. Der Tischdienst hat den Vorteil, dass keine Hektik während der Mahlzeiten entsteht. Niemand steht auf und holt sich noch schnell etwas aus der Küche, niemand rennt kurz davon, weil er etwas vergessen hat. Jeder kann sich ganz der Mahlzeit widmen und nimmt bewusst wahr, was und wie viel er isst. Das allgemeine Schweigen bei Tisch ermöglicht erst, dass man der Lesung oder der Musik lauschen kann. Mahlzeiten im Refektorium haben Stil, davon können wir uns auch für zu Hause etwas abschauen.

Der klösterliche Speiseplan

Grundsätzlich richtete sich der klösterliche Speiseplan über Jahrhunderte nach dem, was regional angebaut werden konnte. Die Klöster waren autark und damit auf ihre eigenen Produkte angewiesen. Dies ist in manchen Abteien auch heute noch so. Es gibt Klosterbetriebe, die hinsichtlich biologischem Anbau vorbildlich sind. Dazu gehört beispielsweise die Benediktinerabtei Plankstetten.

Nach meiner Erfahrung kommt in den Klöstern vorwiegend ein Angebot auf den Tisch, das der Jahreszeit entspricht. Die köstlichen Speisen, die in unseren internationalen Trends anhängenden Küchen teilweise in Vergessenheit geraten sind, erinnern an den Speiseplan unserer Großmütter: Kohlgerichte, Sauerkraut, Rouladen, Reibekuchen mit Apfelmus gibt es da beispielsweise.

Klösterliche Esskultur zu Hause

→ Decken Sie den Tisch. Mit wenigen Mitteln lässt sich ein angenehmes Ambiente schaffen.

→ Legen Sie kontemplative Musik auf und zünden Sie eine Kerze an.

→ Setzen Sie sich gemeinsam an den Tisch.

→ Schalten Sie mögliche »Störfaktoren« wie Fernseher und Telefon aus und den Anrufbeantworter ein.

→ Beginnen Sie die Mahlzeiten gemeinsam, und

→ beenden Sie sie gemeinsam.

→ Richten Sie doch in der Familie auch eine Art Tischdienst ein, dann gibt es keine Streitigkeiten, wer wofür zuständig ist.

→ Nehmen Sie alle Mahlzeiten bewusst ein und nicht etwa nebenbei am Schreibtisch oder vor dem Bildschirm.

Sie werden Ihr Essen mehr genießen und auch wahrnehmen, wie viel Sie zu sich nehmen.

Die Bewirtung von Gästen ist den Klosterleuten ein wichtiges Anliegen.
Man merkt dies bereits daran, wie liebevoll der Tisch gedeckt und dekoriert wird!
Speiseraum für Gäste im Kloster Waldsassen.

Die Ordensleute waren stets kreativ, was die Entwicklung neuer Nahrungsmittel anging. Manche Nahrungsmittel, die heute zum Sortiment vieler Supermärkte gehören, wurden in Klöstern entwickelt. Dazu gehören zum Beispiel Käsesorten. Das Vieh stand auf der Weide und gab Milch. Was lag näher, als damit zu experimentieren? Man entwickelte vor allem Kuhmilchprodukte, später auch Ziegenkäse. So entstanden im Mittelalter hinter Klostermauern zahlreiche Käsesorten. Der »Port Salut« beispielsweise oder der »Saint Nectaire«, beide benannt nach den Klöstern, in denen sie entstanden. Oder der berühmte »Trappistenkäse«, der seinen Namen gleich einem ganzen Orden verdankt. Der Name »Münsterkäse« leitet sich sogar aus dem lateinischen Begriff »monasterium« für Kloster ab.

Auch Bier und Wein wurden in Klöstern entwickelt. Spätestens seit der Karolingerzeit wurde dort Bier gebraut. Und warum gerade in Klöstern? Ihnen überließ man die Entwicklung von Produkten und Techniken, die langwierig waren. Denn um Bier zu brauen und Wein anzubauen, benötigte man viel Zeit und einen längeren Atem. In den Klöstern gab es entsprechende menschliche und materielle Ressourcen.

Fleisch war auf den Tischen der Klöster tabu. Es war allenfalls den Kranken vorbehalten. Hintergrund war, dass im Mittelalter die Reichen fast ausschließlich Fleisch aßen. Der Verzehr dieser Speise galt daher in den Klöstern als dekadent, und sie kam nicht auf den Speiseplan.

Dagegen avancierte Fisch zu einem wesentlichen Nahrungsmittel der Ordensleute. Seit dem hohen Mittelalter gilt er auch als Fastenspeise. Klöster, die nicht in der Nähe des Meeres oder eines Flusses lagen, legten Fischzuchten an – Forellen oder Karpfen beispielsweise. Deshalb kann man unweit von großen Klöstern auch heute noch Fischteiche finden. Also auch hier waren die Klöster wieder Vorreiter einer gesunden Ernährung. Dass Fisch gesünder und bekömmlicher ist als Fleisch, war ihnen längst bekannt.

» *Für mich ist Küchendienst gleich Gottesdienst.* «

Bruder Ethelbert

Wie wichtig den Klöstern noch heute ihre Ernährung ist, belegt das Zitat von Bruder Ethelbert, dem Küchenchef in Münsterschwarzach. Das heißt, der Speiseplan soll ausgewogen sein, für den Menschen optimal verträglich. Aber wie schreibt Pater Anselm in Anlehnung an Benedikt? Alles im rechten Maß. Schauen wir uns also etwas vom klösterlichen Speiseplan ab.

Wir müssen zum Beispiel nicht täglich Fleisch essen. Es gibt köstliche vegetarische Gerichte. In Klöstern werden sie vielfach mit Kräutern und Gewürzen aus dem eigenen Garten verfeinert.

Einmal in der Woche ein Fischgericht, auch das ist eine Sache, die man den Klöstern abschauen kann. Fischtag muss ja nicht unbedingt der Freitag sein. Auch hier ist wie immer die Ausgewogenheit das Prinzip.

Das Fasten

Sich der eigenen Wüste stellen

Fasten war stets eine wichtige Übung im Leben der Mönche. Nicht nur in der Fastenzeit, das ganze Jahr über gab es immer wieder Fasttage, die dadurch ausgezeichnet waren, dass es nur eine einzige Mahlzeit gab, und die am späten Nachmittag. Benedikt schreibt ein eigenes Kapitel über die Fastenzeit. Er versteht sie als Trainingszeit in die innere Freiheit und in ein intensives geistliches Leben. Gebet und Meditation sollen vermehrt werden. Benedikt meint, dass die Mönche ihr Leben eigentlich immer so führen sollten wie in der Fastenzeit. Da dazu jedoch nur wenige die Kraft besitzen, sollen sie zumindest in der Fastenzeit in aller Lauterkeit leben (Die Benediktusregel 49,2.) Sie soll eine bewusst gestaltete Zeit sein, eine Zeit, in der die Mönche sich der eigenen Wüste stellen.

Der Verzicht auf Essen konfrontiert den Mönch mit jenen Gefühlen, die er oft genug mit Essen zustopft. Wir kennen alle den Mechanismus, Enttäuschung und Ärger mit Essen zu kompensieren. Wir wollen sie nicht spüren. Da ich im Fasten auf diesen Selbsttrost verzichte, werde ich mit meiner Wahrheit konfrontiert. Ich gerate in die Wüste, in der ich mich nicht mehr vor meinen Leidenschaften und Emotionen verstecken kann, sondern mich ihnen stellen muss. Deshalb ist die Fastenzeit nicht immer angenehm. Sie zwingt mich, meine eigene Wahrheit anzunehmen und sie Gott hinzuhalten. Aber diese Wüstenzeit ist immer auch eine aufbauende Zeit, denn wir bereiten uns auf Ostern vor, auf das Fest der Befreiung von allen inneren und äußeren Fesseln.

Sich von Ballast befreien: Körper, Geist und Seele entschlacken

Es gab in der Wüste Mönche, die grundsätzlich fünf Tage gefastet und nur am Samstag und am Sonntag gegessen haben. Andere haben jeden zweiten Tag gegessen. Bei Benedikt ist das alles gemäßigter. Aber auch er mahnt die Mönche, sich in der Fastenzeit in Verzicht zu üben. Doch es geht nicht nur um den Verzicht beim Essen. Vielmehr soll sich der Mönch in allen Bereichen Entsagung auf-

erlegen. »Er entziehe seinem Leib etwas an Speise und Trank, an Schlaf, an Geschwätzigkeit und Ausgelassenheit, und er erwarte das heilige Osterfest in der Freude und Sehnsucht des Geistes.« (Die Benediktusregel 49,7.)

Die Grundstimmung des Fastens soll demnach für jeden Mönch Freude und Sehnsucht sein. Das Fasten ist keine Selbstbestrafung, sondern Ausdruck der Erwartung des Osterfestes, der Verwandlung des Leibes Christi in der Auferstehung. Nur in dieser positiven Grundstimmung wird das Fasten den Mönch in die innere Freiheit und damit in das von Benedikt beschriebene intensive geistliche Leben führen.

Die Fastenzeit ist eine Zeit der Reinigung und der Entschlackung. Das gilt sowohl für den Leib als auch für die Seele. Körperliches Fasten reinigt den Leib von Schlacken, die sich im Laufe des Jahres angesammelt haben. Die seelische Reinigung geschieht, indem sich der Mönch des Redens über andere enthält und sich mehr dem Gebet widmet, und zwar – wie es bei den Wüstenvätern üblich war – dem Gebet unter Tränen, einem sehr emotionalen Gebet, das eine reini-

Fasten entschlackt nicht nur den Körper, sondern entlastet auch die Seele. Man nimmt die Schönheiten der Natur in den Tagen des Fastens viel bewusster wahr.

gende Wirkung hat. Die Fastenzeit ist also eine Art »Hausputz«. Alles, was sich im Laufe der Monate an Ballast angesammelt hat, soll entfernt werden, damit die Seele wieder zu atmen vermag und auch der Leib sich wohlfühlen kann. Das kann durchaus wörtlich verstanden werden. Es tut nämlich gut, in der Fastenzeit sein Zimmer zu entrümpeln und all das wegzuräumen, was den Blick für das Wesentliche verstellt.

Benedikt formuliert noch eine weitere, fast etwas eigenartige Regel für die Fastenzeit: Was sich der einzelne Mönch als Übungsprogramm vornimmt, das soll er mit seinem Abt besprechen. Er soll gleichsam sein Trainingsprogramm dem Trainer vortragen. Es könnte ja sein, dass er falsch ansetzt, dass er etwas tun möchte, was ihm schadet. Außerdem verleiht es dem Fasten den Charakter einer Verpflichtung. Denn indem der Mönch seine Fastenübung mit dem Abt besprochen hat, ist sie nicht mehr sein Privatvergnügen. Damit hat er sich verpflichtet, sie auch durchzustehen. Nur so wird die Fastenzeit für ihn auch wirklich eine fruchtbare Zeit werden.

Das Fasten

Sich der eigenen »Wüste« stellen

Im Kloster wird nicht mehr so häufig gefastet, wie es Benedikt in seiner Regel vor rund 1500 Jahren beschrieb, aber vor den großen Festen des Kirchenjahres stellen die meisten Ordensleute ihre Ernährung um. Sie verzichten für einige Tage ganz auf feste Nahrung oder nehmen während der Mahlzeiten weniger zu sich oder lassen Fleisch, Alkohol oder etwas anderes beiseite. »Unsere Fastenzeiten sind nicht mehr so streng wie früher«, sagt Bruder Robert, »aber es ist gut, dass es sie noch gibt.«

Ordensleute sind in der Regel geübter im Fasten als wir außerhalb der Klostermauern. Dies bedeutet aber nicht, dass es ihnen auch leichter fällt. Die Novizin Schwester Bernadette gibt offen zu, dass sie ihre Schwierigkeiten damit hat.

Auch ältere Ordensleute gaben mir gegenüber zu, dass das Fasten nicht einfach ist und sie sich immer erst überwinden müssen. Gott sei Dank sind Ordensleute auch keine Übermenschen.

Licht- und Schattenseiten des eigenen Alltags treten beim Fasten deutlich zutage.

» Fasten ist nicht so mein Liebstes. In der Fastenzeit gibt es dienstags und freitags am Mittag nur Suppe. Das war vor allem am Anfang schwierig für mich, aber damit muss man umgehen lernen. «

Schwester Bernadette

Aber wer regelmäßig Fastenwochen einhält, wird diese Zeit nicht mehr missen wollen. Ich faste zweimal pro Jahr, im Frühjahr und im Herbst (siehe »Heilfasten nach der Klostermethode«, Seite 206) Während dieser acht Tage verzichte ich auf feste Nahrung. Stattdessen nehme ich zu festgelegten Tageszeiten nur Kräutertees, klare Brühen und Wasser zu mir. Im Frühjahr ziehe ich mich zum Fasten in ein Kloster zurück. Im Herbst faste ich zu Hause. Beides hat für mich seine Vorteile.

Das Fasten hinter Klostermauern ermöglicht einen echten Rückzug, und das Fasten zu Hause birgt die Chance, die Geborgenheit der eigenen vier Wände zu verspüren. Die ersten beiden Tage sind meist hart, begleitet von leichten Kopfschmerzen und Hungergefühlen. Doch spätestens am dritten Tag habe ich mich an das Fasten gewöhnt, spüre eine Leichtigkeit, die nicht nur das Körpergefühl betrifft, sondern auch Kopf und Psyche.

Wichtig ist, vor dem Fasten mit einem Arzt zu besprechen, ob es im Einzelfall sinnvoll ist. Wichtig ist es auch, eine Zeit fürs Fasten zu blockieren, die Ruhe garantiert. »Ich kann nicht fasten, wenn ich im Stress bin.« So wie Bruder Alfred wird es vermutlich auch Ihnen ergehen.

Die Fastentage sind eine Zeit des Bei-sich-selbst-Seins, des Sich-Besinnens. Auch wenn man zu Hause fastet, sollte man auf einen hektischen Tagesablauf und auf Abendtermine verzichten. An Essen teilnehmen kann man ohnehin nicht. Zudem spart man Zeit, weil die Lebensmitteleinkäufe auf ein Minimum reduziert sind, man nicht aufwändig kochen muss und auch die Zeit, die man zum Verzehr einer klaren Brühe benötigt, einfach kürzer ist als die für eine größere Mahlzeit. Man hat also viel mehr Ruhe in diesen Tagen, Zeit zum Nachdenken. Und da kommt so manches hoch, was durch Essen, Termine, Verpflichtungen,

Hektik überdeckt war. Nach meiner Erfahrung ist es nicht immer sinnvoll, anderen zu erzählen, dass man gerade fastet. Manchmal hat dies zur Folge, dass einem besorgte Menschen Essen aufdrängen möchten, manchmal erfordert es ausführliche Begründungen. Behalten Sie's also am besten für sich. »Fasten ist an sich eine sehr gute Sache, aber man sollte es nicht nach außen tragen«, bestätigt mich Pater Meinrad, »ich spreche nicht darüber.«

Eine gute Sache ist aber das, was Benedikt in seiner Regel festlegte und Pater Anselm schon beschrieben hat. Die Klosterleute sprechen mit ihrer Äbtissin beziehungsweise ihrem Abt, bevor sie mit dem Fasten beginnen, und legen ihr oder ihm dar, was das Ziel ihrer Fastentage sein soll. So hat man jemanden, der in das eigene Geheimnis eingeweiht ist und auch ein Feedback geben kann, ob das angestrebte Ziel sinnvoll ist. Die Verpflichtung, dieses Ziel zu erreichen, ist damit größer geworden. Eine kluge Regelung, die wir auch in unserem Alltag mit einer vertrauten Person praktizieren können.

Fastentage – eine Zeit des Bei-sich-selbst-Seins

→ Reservieren Sie sich für Ihre Fastentage einen festen Zeitblock, an dem Sie keine Essenseinladungen und keinen Stress haben.

→ Ziehen Sie sich während dieser Periode zurück – entweder in die eigenen vier Wände oder auch in ein Kloster. In jedem Fall sollte es ein Ambiente sein, in dem Sie sich geborgen fühlen und loslassen können.

→ Falls Sie zu Hause fasten und Ihr Partner oder Ihre Familie sich auf normale Weise ernähren, machen Sie ihnen klar, dass Sie in dieser Zeit auch immer wieder einmal für sich allein sein und wenig „Küchendienst" haben möchten.

→ Wählen Sie einen Zeitpunkt, zu dem keine wichtigen Termine anstehen und es zu Hause auch keinen vorhersehbaren Trubel gibt.

→ Schaffen Sie sich also alle notwendigen Voraussetzungen, um das Fasten möglichst problemlos zu meistern.

→ Wer nicht auf feste Nahrung verzichten möchte oder kann, kann auch in anderer Form fasten: indem er zum Beispiel keinen Alkohol trinkt, keine Süßigkeiten isst, auf den Fernseher verzichtet oder das Auto in der Garage stehen lässt.

→ Nutzen Sie Ihre Fastentage auch dazu, frische Luft in der freien Natur zu tanken und zwischendurch in einem inspirierenden Buch zu lesen.

Befreit von unnötigem Ballast nimmt man die Schönheiten seiner Umgebung eher wahr.
Die Aula im Kloster Waldsassen.

Sich von unnötigem Ballast befreien

Durch das Fasten befreit man nicht nur den Körper von unnötigen Pfunden, sondern bekommt auch Klarheit im Kopf. Man befreit sich also gleichzeitig von geistigem Ballast. »Die Fastenzeit ist sinnvoll, weil man dann bewusst mal auf etwas verzichtet, weil sie Klarheit bringt und die Dankbarkeit fördert«, sagt Schwester Raphaela.

Pater Anselm hat anschaulich beschrieben, dass übermäßiges Essen Frustvernichtung bedeutet. Menschen mit gravierendem Übergewicht decken mit dem Essen oft etwas zu und suchen im Essen Trost.

Diesen vermeintlichen Trost hat man während der Fastentage nicht. Es kommt vieles zutage, das mit Essen verstopft war. Nicht immer angenehm. Aber es birgt die Chance, sich der Dinge bewusst zu werden, mit denen man sich schon lange einmal hätte beschäftigen sollen. Deshalb bezeichnet Pater Anselm das Fasten auch als geistige Entrümpelungsaktion. Das ist sicher nicht so einfach, genauso wenig wie der Verzicht auf feste Nahrung. Aber wer einmal eine Fastenwoche erlebt hat, wird gern gewisse Phasen des Jahres dafür blockieren – gerade wegen der Chance, kaschierte Dinge anzupacken.

Körper, Geist und Seele entschlacken

Nach den ersten beiden Fastentagen stellt sich in der Regel ein Wohlbefinden ein. Nachdem man zu Fastenbeginn eigentlich eher das Bedürfnis hatte, in den eigenen vier Wänden zu bleiben und zu schlafen, entwickelt man plötzlich große Energien. Der Körper scheint von einer Last befreit zu sein. Zu dieser neuen Leichtigkeit gesellt sich der Bewegungsdrang.

Nun heißt es, raus an die Luft zu gehen. Es ist erstaunlich, wie die Sinne beim Fasten sensibilisiert werden. Man nimmt beispielsweise Gerüche sehr viel mehr wahr, auch den Geschmack der Flüssigkeiten, die man zu sich nimmt. Und noch ein sehr beflügelndes Phänomen tritt ein: Man erfährt auch Klarheit in manchen Problemen, mit denen man sich schon lange herumgeplagt hat. Indem der Körper entschlackt, tun dies gleichzeitig auch Geist und Seele.

Nach einigen Fastentagen ist man in der Regel so euphorisch, dass man manchmal nicht mehr aufhören möchte. Um dieser Gefahr vorzubeugen, muss man das Ende seiner persönlichen Fastenzeit von Anfang an klar definieren. Denn Fasten soll ja nicht zu einem Leistungswettbewerb werden. Auch hier gilt im Sinne Benedikts: alles im rechten Maß.

Klösterliche Heilkunde – die wichtigsten Elemente

Benedikt hat in seiner Regel auch ein eigenes Kapitel über die kranken Brüder und ihre Pflege geschrieben: »Die Sorge für die Kranken muss vor und über allem stehen: man soll ihnen so dienen, als wären sie wirklich Christus; hat er doch gesagt: ›Ich war krank, und ihr habt mich besucht‹, und: ›Was ihr einem dieser Geringsten getan habt, das habt ihr mir getan.‹« (Die Benediktusregel 36,1 f.)

Der Abt hat dafür zu sorgen, dass die Kranken weder vom Cellerar noch vom Krankenpfleger vernachlässigt werden. Wie eine Gemeinschaft mit ihren Kranken umgeht, das zeigt immer auch ihre spirituelle und menschliche Reife. Wenn die Gemeinschaft ihre Kranken vernachlässigt, dann verdrängt sie damit gleichzeitig die eigene Brüchigkeit. Manchmal ist ein hoher Krankenstand auch ein Zeichen dafür, dass in der Gemeinschaft Spannungen herrschen, denn sie erhöhen das Krankheitsrisiko. Daher ist es wichtig, dass sich die Gemeinschaft in der Sorge um ihre Kranken auch der eigenen Gebrechlichkeit bewusst wird.

Die Kranken sind ein Spiegel der Gemeinschaft. Wenn diese liebevoll mit ihnen umgeht, dann wirkt sich das auch positiv auf die Gemeinschaft aus. Es zeigt die Achtung vor jedem Einzelnen, der nicht an seiner Leistungsfähigkeit gemessen, sondern in seiner Würde gesehen wird. Ein Kranker hat den gleichen Wert wie ein Gesunder. Ja, Benedikt schärft den Mönchen ein, dass sie gerade in den Kranken Christus dienen.

Kräuter sind die Basis klösterlicher Heilkunde. Viele Klöster haben heute noch eigene Kräutergärten.

Die heilende Kraft der Kräuter

Alle Klöster hatten früher ihren Kräutergarten und ihre eigene Apotheke. Die jeweiligen Heilkräuter und die von den klösterlichen Apothekern daraus gewonnenen Extrakte wurden sowohl bei akuten Krankheiten als auch vorbeugend verabreicht, beispielsweise um die Gesundheit zu beleben oder um die Abwehrkräfte zu stärken.

Nicht nur die Mönche konnten sich die heilenden Kräfte der Natur zunutze machen, sondern auch die Angestellten des Klosters. Denn ihnen standen der Kräutergarten und die Klosterapotheke ebenso zur Verfügung. Dies entsprach gleichsam einer Krankenversicherung – und das bereits im Mittelalter. Obendrein wurden kranke Angestellte ebenfalls von den Krankenpflegern des Klosters mit der gleichen klösterlichen Arznei aus der Natur versorgt.

Hildegard von Bingen als Heilkundlerin

Hildegard von Bingen hat als Benediktinerin die heilenden Kräfte der Natur ausführlich beschrieben. Sie greift den Grundsatz der griechischen Ärzte auf, in erster Linie nicht Krankheiten zu heilen, sondern die Kunst des gesunden Lebens zu lehren. Hildegard war sich als Äbtissin nicht zu schade, sehr konkrete Anweisungen für die Ernährung der Schwestern, für ihre Verdauung und für die Verwendung von Heilkräutern zu geben. So empfiehlt sie vor allem Dinkel, denn er hellt die Stimmung auf und erfüllt die Schwestern mit Heiterkeit.

In den letzten Jahren wurde die Hildegard-Medizin wiederentdeckt. Sie wird vielfach angepriesen, wobei nicht alles, was unter ihrem Namen läuft, auch wirklich auf sie zurückgeht. Aber die Menschen spüren, dass diese große Frau des Mittelalters – Mystikerin, Predigerin, Äbtissin, Naturforscherin und Philosophin – auch heute noch viel zu sagen hat, wenn es um eine gesunde Lebensweise geht.

Hildegard war selbst oft krank. Sie hat ihre naturwissenschaftlichen Erkenntnisse daher aus eigener Erfahrung entwickelt. Ihre Krankheit hat sie für das innere Wesen der Dinge sensibel gemacht. Sie hat ihre Naturphilosophie in wunderbaren Bildern dargestellt. Alles Äußere ist für sie immer Bild des Inneren. Die Natur ist demnach das beste Buch der Weisheit und die beste Lehrerin für die Kunst des gesunden Lebens.

Für Hildegard von Bingen war die Natur die beste Lehrmeisterin für die Kunst des gesunden Lebens. Dies betonte sie immer wieder in ihren Schriften.

Hildegard von Bingen hat bei ihrer Darstellung der Kunst des gesunden Lebens sowohl aus der Tradition der griechischen Ärzte als auch aus der Regel Benedikts geschöpft. Von Benedikt sagt sie: »Er war der verschlossene Brunnen, der seine Lehre in der Diskretion Gottes erquellen ließ, indem er nämlich den spitzen Nagel dieser Lehre nicht zu hoch und nicht zu tief, sondern genau in der Mitte des Rades einschlug, so dass ein jeder, sowohl der Starke wie auch der Schwache, daraus zu trinken vermochte, und zwar je nach seinem Fassungsvermögen und wie es seiner Eignung angemessen war.« (Patrologia Latina, Die Benediktiner in der Medizin des frühen Mittelalters.) Das Bild des Rades steht für die kosmische Ordnung und gleichzeitig für die Ordnung des Menschen.

Hildegard liest die Regel durch die Brille einer Ärztin, die in allen Anweisungen Benedikts die Kunst des gesunden Lebens entdeckt. Dabei achtet sie immer auch auf das gesunde Maß. Einen, der seine Askese übertreibt, mahnt sie: »Sieh

Du zu, dass Du Deine Erde in Zurückgezogenheit behältst und dass Du sie nicht unfruchtbar machst, so dass die Grünkraft der Kräuter und duftenden Kräfte nicht aufsprießen kann.« (Patrologia Latina, Die Benediktiner in der Medizin des frühen Mittelalters.) Jeder Mensch trägt in sich einen Acker, mit dem er achtsam umgehen soll, damit er schöne und liebliche Kräuter hervorbringt. Der Kräutergarten im Kloster wird für Hildegard zum Symbol für den Garten, den Ordensleute in sich tragen und den sie behutsam pflegen sollen, damit in ihm heilende Kräuter wachsen.

Ein wichtiger Begriff aus Hildegards Gesundheitslehre ist die »viriditas«, die Grünkraft, die in der Natur, aber auch im Menschen vorhanden ist. Der Mensch ist gesund, wenn er aus der tiefen Quelle des Lebens, aus der Grünkraft, schöpft. Grün ist ja auch die Farbe allen Keimens, Wachsens und Blühens. Hildegard nennt die Seele die grünende Kraft des Leibes, die ihn befruchtet. Durch die Sünde wird die Grünkraft geschwächt. Daher bedarf es der Pflege durch ein maßvolles Leben, damit sie an Kraft gewinnt und den ganzen Menschen durchdringt.

Hildegard spricht auch von der Grünkraft der Tugenden. Bei ihr gehört alles zusammen: auf die Natur zu achten, die uns die Grünkraft in der Nahrung und in den heilenden Kräutern schenkt, aber auch auf die Seele und auf eine gesunde Lebensführung zu achten, die die Tugenden, eine gesunde Askese und das Gebet und die Meditation umfasst. Gott selbst ist der Quell der Grünkraft.

Hildegard von Bingen hat in der Regel Benedikts eine heilende Kraft erkannt. Für sie ist sie der Weg zu einem gesunden Leben, das das menschliche Maß berücksichtigt und ganz und gar von Gottes Geist durchdrungen wird.

Wenn Leib und Seele für Gottes heiligen Geist offen sind, dann kommt der Mensch in sein Wesen, dann lebt er seiner Ordnung gemäß, dann lebt er gesund.

Durch das Fenster ihrer Klosterzelle konnte Schwester Assumpta den Wandel der Natur im Laufe der Jahreszeiten beobachten.

Klösterliche Heilkunde

Krankheit gehört zum Leben, ebenso wie der Tod. Das ist für Ordensmitglieder selbstverständlich. »Ich setze mich jeden Tag mit dem Tod auseinander«, sagt mir Pater Edmar, »ich bin gespannt auf das letzte Abenteuer, wenn ich über die Todesschwelle trete.« Nun könnte man sagen, dass es für einen 71-Jährigen wie Pater Edmar vielleicht an der Zeit ist, sich mit diesem Thema zu beschäftigen, aber wer tut dies denn ehrlicherweise in unserer Gesellschaft außerhalb der Klostermauern? Gespräche über den Tod sind fast ein Tabu, je älter ein Mensch ist, umso weniger mag man das Thema anschneiden.

Im Kloster hingegen beschäftigt man sich immer wieder damit – in den Psalmen, in Gebeten, in Bibeltexten. So werden auch junge Ordensmitglieder regelmäßig mit diesem Thema konfrontiert. Damit wird diesem der Schrecken genommen – falls ein gläubiger Mensch überhaupt Schrecken vor dem Tod hat.

Ich habe den Eindruck gewonnen, dass Klostermenschen dem Tod mit Gelassenheit entgegengehen, manchmal sogar mit Freude, weil sie an ein glückliches Leben nach dem Tod glauben. »Ich möchte froh sterben können«, betont Bruder Hugo bei unserem Gespräch. »Ich freue mich auf das, was nach dem Leben kommt. Dann geht's erst richtig los«, sagte mir Schwester Assumpta, »aber erst muss ich durchs Tor des Todes durch.«

Fünf Wochen nach unserem Gespräch hat die 90-Jährige, die so vital und gesund erschien, dieses Tor durchschritten. Wenn ich Schwester Assumpta heute noch fragen könnte, würde sie diese Art zu sterben sicher als Gnade empfinden. »Klebt euch nicht so an allem fest, habt Leichtigkeit den Dingen gegenüber«, hatte sie mir beim Abschied gesagt. Von der Leichtigkeit, mit der sie ihrem Ende entgegensah, kann man nur lernen.

» Ich setze mich jeden Tag mit dem Tod auseinander. Ich bin gespannt auf das letzte Abenteuer, wenn ich über die Todesschwelle trete. «

Pater Edmar

Viele schwören bei Erkältungen auf die Wirkung der Waldsassener »Zwiebelzuckerl«.

Klösterliche Krankenpflege

Eine Krankenstation, so hat es Pater Anselm ja schon erläutert, gehörte früher zu jedem Kloster. Heute gibt es sie nur noch in größeren Konventen. Vom 8. bis zum 13. Jahrhundert wurde Heilkunde ausschließlich in Klöstern betrieben. Erst nachdem Medizin im 14. Jahrhundert ein Hochschulfach wurde, gab es erstmalig weltliche Ärzte.

Einem Orden war jedes einzelne Mitglied wichtig. Der Kranke ist genauso viel wert wie der gesunde Mensch. So sieht man es noch heute. Deshalb ist es auch selbstverständlich, dass alte und pflegebedürftige Nonnen und Mönche nicht in Heime abgeschoben, sondern im Kloster betreut werden, solange es nur irgendwie geht. Medizin im Kloster war Heilkunde mit Kräutern. Zu jedem Klostergarten gehörte der sogenannte »Herbularius«, der Kräutergarten. Kräuter wurden sowohl in der Küche als auch in der Klosterapotheke verwendet.

Die Klostermedizin setzt in erster Linie auf vorbeugende Maßnahmen. Ihr geht es darum, den Menschen zu ausgeglichener und gesunder Lebensform anzuleiten, damit Krankheiten erst gar nicht auftreten. Dabei bildeten bereits im Mittelalter für die klösterlichen Heilkundler Leib und Seele eine Einheit. Wenn der Körper Krankheitssymptome zeigte, hatte nach ihrer Meinung der Patient oft auch seelische Probleme. Deshalb befassten sich medizinisch gebildete Ordensleute auch mit dem seelischen Zustand eines Patienten. Es ist erstaunlich, mit welcher Lebenserfahrung und Menschenkenntnis sie dabei vorgingen. Nach einem ganzheitlichen Konzept, das absolut zeitgemäß ist. Ein hervorragendes Beispiel hierfür ist die von Pater Anselm bereits erwähnte Hildegard von Bingen. Sie sah Körper, Geist und Seele als eine Einheit.

Trotz dieser in den Klöstern seit Jahrhunderten gereiften Erkenntnis läuft auch dort nicht immer alles rund. Ich habe vor Jahren eine Benediktinerin kennengelernt, die immer wieder erkrankte und dabei die unterschiedlichsten Symptome zeigte. Die Ärzte fanden keine körperlichen Ursachen für ihre Erkrankungen. Ein Problem der Ordensfrau war auch, wie ich von ihr nach einer Weile erfuhr, dass sich für sie immer deutlicher die Frage stellte, ob der von ihr gewählte Lebensweg der richtige war. Ihre seelischen Qualen kamen in Form von körperlichen Problemen zum Ausdruck. Und so lange sich diese Nonne nicht über ihre wirkliche Berufung im Klaren ist, wird es wohl so bleiben.

Aufgrund fehlender Ordensmitglieder mit entsprechender Ausbildung wurde in vielen Klöstern Heilkunde nicht mehr betrieben. Ich habe aber auch einige Klöster kennengelernt, die gerade in den letzten Jahren versuchen, diese Tradition wieder aufleben zu lassen, damit das jahrhundertealte Wissen nicht in Vergessenheit gerät.

Diese Tradition macht deutlich, was man im Klosterleben lernen kann: Achtsamkeit gegenüber Mensch und Natur.

Freude sollen die Ordensmenschen nicht nur in der Natur, sondern auch in ihren Gotteshäusern erfahren. Deshalb sind viele Klosterkirchen besonders prachtvoll ausgestattet. In Waldsassen.

Kurzviten der Gesprächspartner von Petra Altmann in der Benediktinerabtei Münsterschwarzach und in der Zisterzienserinnenabtei Waldsassen

Bruder Alfred Engert, Taufname Johannes, geb. 1947, ewige Profess 1968. Bruder Alfred ist Betriebsleiter der klostereigenen Druckerei Benedict Press.

Pater Edmar Greif, Taufname Josef, geb. 1936, ewige Profess 1958. Pater Edmar ist Sportlehrer am zum Kloster Münsterschwarzach gehörenden Egbert-Gymnasium.

Bruder Ethelbert Hümmer, Taufname Helmut, geb. 1941, ewige Profess 1960. Bruder Ethelbert ist der Küchenchef der Abtei Münsterschwarzach und damit verantwortlich für die Verpflegung des Klosters, seiner Mitarbeiter und Gäste.

Bruder Hugo Wild, Taufname Karl, geb. 1930, ewige Profess 1950. Bruder Hugo ist gelernter Wagner und Metalldrücker und verantwortlich für die Gold- und Silberschmiede der Benediktinerabtei Münsterschwarzach.

Bruder Jona Schäfer, Taufname Wolfgang, geb. 1954, ewige Profess 1986. Bruder Jona ist Buchhändler in der Buch- und Kunsthandlung der Abtei Münsterschwarzach.

Pater Dr. Jonathan Düring, Taufname Johannes, geb. 1960, ewige Profess 1984. Pater Jonathan ist Schulseelsorger und unterrichtet Religion und Aikido, eine sanfte Verteidigungsmethode, am Egbert-Gymnasium des Klosters.

Bruder Leander Baumann, Taufname Karl, geb. 1932, ewige Profess 1959. Bruder Leander ist KFZ- und Landmaschinenmechanikermeister und verantwortlich für die KFZ-Werkstatt des Klosters Münsterschwarzach.

Pater Meinrad Dufner, Taufname Meinrad, geb. 1946, ewige Profess 1967. Pater Meinrad ist Künstler, Autor und Kunsterzieher. Er hat sein Atelier auf dem Gelände des Klosters Münsterschwarzach. Künstlerische Aufträge und Ausstellungen führen ihn ins In- und Ausland.

Bruder Nicolas van Kaick, Taufname Johannes Andreas, geb. 1969, zeitliche Profess 2003. Bruder Nicolas ist Meister der Elektrotechnik sowie der Elektroinstallation und verantwortlich für die Betreuung der gesamten EDV im Kloster Münsterschwarzach.

Pater Polykarp Uehlein, Taufname Otto, geb. 1931, ewige Profess 1951. Pater Polykarp hat Theologie, Philosophie und Malerei studiert. Er lebt sei 1963 in der Abtei Ndanda in Tansania und kommt in der Regel einmal jährlich zu Besuch in sein Mutterkloster Münsterschwarzach. Pater Polykarp malte zahlreiche Kirchen im In- und Ausland aus, gestaltete Kirchenfenster und illustrierte Bücher. Er kann auf eine umfangreiche Ausstellungsliste verweisen.

Bruder Robert Blank, Taufname Alois, geb. 1930, ewige Profess 1951. Bruder Robert betreut die Pforte der Klosterverwaltung in Münsterschwarzach.

Äbtissin Maria Laetitia Fech, Taufname Agathe, geb. 1957, ewige Profess 1983, Wahl zur Äbtissin von Waldsassen am 26.8.1995. Vorsteherin des Klosters Waldsassen.

Schwester Maria Agnes Richter, Taufname Angela, geb. 1962, ewige Profess 1990. Schwester Agnes arbeitet in der Paramentenstickerei des Klosters Waldsassen und ist ausgebildete Krankenschwester. In dieser Funktion betreut sie auch die alten Mitschwestern des Klosters. Sie ist darüber hinaus Cantorin.

Schwester Maria Assumpta Lehner, Taufname Johanna, geb. 1916, verstorben am 12. Dezember 2006, ewige Profess 1951. Schwester Assumpta war vor ihrem Ruhestand Lehrerin an der Realschule im Kloster Waldsassen. Außerdem betätigte sie sich als Archivarin und Chronistin. Bis 2002 war sie Priorin und damit Stellvertreterin der Äbtissin.

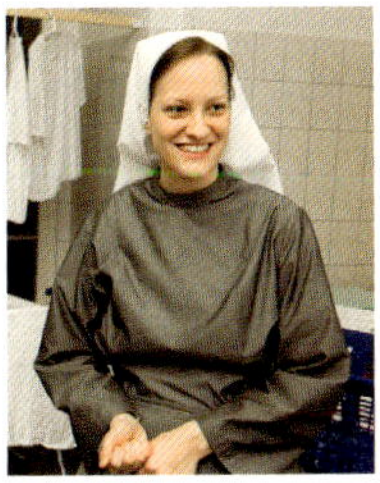

Schwester Maria Bernadette Abbe, Taufname Jessica, geb. 1986, Novizin. Beginn des Noviziats am 8.12.2005. Schwester Bernadette kam direkt nach dem Abitur ins Kloster und war zur Zeit unserer Gespräche verantwortlich für die Wäscherei. Seit März 2007 trägt sie die Verantwortung für den Klosterladen.

Schwester Maria Mechtild Hohenberger, Taufname Irmtraud, geb. 1937, ewige Profess 1963. Schwester Mechtild ist Priorin im Kloster Waldsassen und damit Stellvertreterin der Äbtissin.

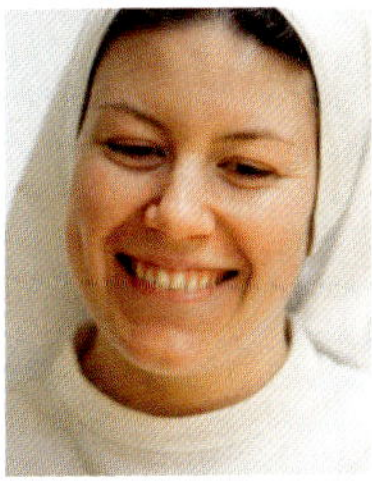

Schwester Maria Raphaela Kratzer, Taufname Michaela, geb. 1980, Novizin. Beginn des Noviziats am 29.9.2005. Schwester Raphaela hat das 1. Staatsexamen für das Lehramt in Latein und Katholischer Theologie. Sie strebt eine Lehrtätigkeit in der Staatl. Mädchenrealschule an, die in einem Trakt des Klosters beherbergt ist, und beginnt im September 2007 ihre Referendarzeit an einer Seminarschule in Regensburg.

Glossar – Begriffe aus dem Klosterleben

Abt/Äbtissin
Vorsteher beziehungsweise Vorsteherin einer Mönchs- beziehungsweise Schwesterngemeinschaft.

Abtei
Von einer Äbtissin beziehungsweise einem Abt geleitete Gemeinschaft von Nonnen bzw. Mönchen mit eigenem Vermögens- und Verwaltungsrecht.

Abtswappen
Siehe Wappen.

Angelus-Glocke
Läutet morgens, mittags und abends im Kloster, um die Ordensmitglieder an das Dankgebet zur Menschwerdung Jesu zu erinnern.

Bruder
Siehe Frater.

Cantor/Cantorin
Siehe Kantor/Kantorin.

Cellerar
Der Verwalter des Klosters, den man mit einem modernen Begriff auch als Geschäftsführer bezeichnen kann. In manchen Orden wird er auch Ökonom genannt.

Christi Himmelfahrt
Das Fest der Rückkehr Jesu von Nazareth als Sohn Gottes zu seinem Vater in den Himmel. Wird 40 Tage nach Ostersonntag gefeiert, daher immer ein Donnerstag.

Darstellung des Herrn
Wird am 2. Februar gefeiert und wegen der Lichterprozession und Kerzenweihe auch Mariä Lichtmess genannt. Jesus wurde als erstgeborener Sohn vorschriftsgemäß Gott als dessen Eigentum im Tempel übergeben und durch ein Opfer wieder ausgelöst.

Erzabt
Leiter einer Kongregation, der in Personalunion auch gleichzeitig Vorsteher einer Abtei ist.

Frater
Auch Bruder. Männliches Ordensmitglied ohne Priesterweihe.

Fronleichnam
Das Hochfest, in dem die leibliche Gegenwart Christi im Sakrament der Eucharistie gefeiert wird. Am Donnerstag in der zweiten Woche nach Pfingsten.

Gelübde
Vor dem endgültigen Eintritt in eine Ordensgemeinschaft legen die zukünftigen Mitglieder drei Gelübde ab: Armut, Gehorsam und Keuschheit.

Habit
Das Ordensgewand.

Kantor/Kantorin
Das Mitglied eines Konvents, das für die musikalische Ausbildung der Mitschwestern beziehungsweise Mitbrüder verantwortlich ist.

Kellion
Eine meist selbst gemauerte Behausung der Einsiedlermönche, ein Ort des Rückzugs.

Klausur
Der Bereich eines Klosters, der normalerweise nur Ordensmitgliedern zugänglich ist.

Komplet
Letztes Chorgebet des Tages.

Kongregation
Verbund mehrerer selbstständiger Abteien eines Ordens.

Konvent
Die Lebens-, Wohn- und wirtschaftliche Gemeinschaft eines Klosters.

Laudes
Das Morgenlob, die Morgenhore. Tägliches Chorgebet am Morgen.

Mariä Lichtmess
Siehe Darstellung des Herrn.

Mariä Heimsuchung
Die schwangere Maria besucht ihre ebenfalls schwangere Verwandte Elisabeth (Mutter des Täufers Johannes), um ihre Freude mit ihr zu teilen.

Mariä Verkündigung
Auch Verkündigung des Herrn, wird am 25. März gefeiert. Erzengel Gabriel kündigt Maria die Geburt ihres Sohnes durch die Kraft des hl. Geistes an. Gilt als Moment der Empfängnis.

Martyrologium
Nach Kalendertagen gegliedertes Verzeichnis der Märtyrer mit Beschreibung ihres Lebensweges und ihres Wirkens.

Mittagshore
Chorgebet vor der Mittagsmahlzeit.

Monastisch
Dem klösterlichen Lebensstil entsprechend.

Morgenhore
Siehe Laudes.

Noviziat
Auf das Postulat folgende, meist zweijährige Probezeit im Kloster mit Einführung in das monastische Leben. Die Novizen tragen Ordensgewänder mit Attributen, die sie von den Gewändern der Ordensmitglieder unterscheiden, die bereits die ewige Profess abgelegt haben.

Oblate/Oblatin
Frauen und Männer, die mit oder auch außerhalb einer Klostergemeinschaft nach der Regel des hl. Benedikt leben, ohne die klösterlichen Gelübde abgelegt zu haben. Sie können verheiratet sein.

Ökonom
Siehe Cellerar.

Orden
Gemeinschaftliche Lebensweise, deren Mitglieder sich auf Lebenszeit zur Einhaltung der drei Ordensgelübde (siehe Gelübde) verpflichten.

OSB
Ordo Sancti Benedicti, Bezeichnung für den Benediktinerorden.

Paramentenstickerei
Besticken liturgischer Gewänder und sonstiger im Rahmen der Kirchen- und Altarausstattung verwendeter Textilien.

Pater
Männliches Ordensmitglied mit Priesterweihe.

Pfingsten
Die Entsendung des hl. Geistes auf die Apostel. Wird am 10. Tag nach Christi Himmelfahrt gefeiert.

Postulat
Erste Phase der Einführung in das Ordensleben, die in der Regel sechs bis zwölf Monate dauert. Die Postulantin beziehungsweise der Postulant tragen noch kein Ordensgewand.

Prior/Priorin
Stellvertreter der Äbtissin beziehungsweise des Abts. In Klöstern ohne Äbtissin oder Abt auch Leiterin beziehungsweise Leiter des Kloster.

Profess
Man unterscheidet zwischen zeitlicher Profess, einer weiteren Probezeit nach dem Noviziat, und der ewigen Profess, dem öffentlichen Ablegen der drei klösterlichen Gelübde und damit der endgültigen Aufnahme in eine Ordensgemeinschaft.

Recollectiohaus
In Münsterschwarzach ein Haus für Priester und Ordensleute (Frauen und Männer), die eine Auszeit nehmen. Mit geistlicher und therapeutischer Begleitung.

Refektorium
Speisesaal des Klosters.

Rekreation
Geselliges Beisammensein einer Klostergemeinschaft zur Entspannung.

Skapulier
Ein über den Kopf gezogenes, nach vorn und über den Rücken herabfallendes Tuch. Ursprünglich diente es wohl als eine Art Schürze. Heute ist das Skapulier Teil des Gewandes mancher Ordensgemeinschaften.

Stabilitas loci
Ortsbeständigkeit, das heißt lebenslanges Verbleiben in der Gemeinschaft, in die die Novizin beziehungsweise der Novize eingetreten ist.

Tischrekreation
Tischgespräche und die Entspannung bei Tisch in Klostergemeinschaften, die ihre Mahlzeiten normalerweise schweigend einnehmen.

Vesper
Abendliches Chorgebet, eines der ältesten Stundengebete.

Vigil
Nachtwache. Erstes Chorgebet am Morgen, um den Tag zu begrüßen.

Wappen des Abts/der Äbtissin
Eine Art »Hoheitszeichen« der Leiterin beziehungsweise des Leiters eines Klosters mit persönlichen Attributen.

Zölibat
Begriff für die Ehelosigkeit der Priester, die keinem Orden angehören.

Literaturvorschläge

Petra Altmann: Atem holen im Kloster, St. Ulrich, Augsburg 2006
Petra Altmann/Sr. Fidelis Happach: Die Kraft der Klosterkräuter, Don Bosco, München 2007
Petra Altmann: Heilfasten nach der Klostermethode, Südwest, München 2006
Petra Altmann: Wohlfühltipps aus dem Kloster, Don Bosco, München 2007
Anselm Grün: Damit dein Leben Freiheit atmet, Vier-Türme-Verlag, Münsterschwarzach 2003
Anselm Grün: Die Lebenskunst der Benediktiner, Pattloch, München 2005
Anselm Grün: Im Zeitmaß der Mönche, Herder, Freiburg 2003
Anselm Grün: Leben und Beruf. Eine spirituelle Herausforderung, Vier-Türme-Verlag, Münsterschwarzach 2005
Anselm Grün: Menschen führen, Leben wecken, Anregungen aus der Regel Benedikts von Nursia (CD), Vier-Türme-Verlag, Münsterschwarzach 2002
Anselm Grün: Quellen innerer Kraft, Herder, Freiburg 2005
Anselm Grün: Vergiss das Beste nicht, Herder, Freiburg 2000
Anselm Grün/Friedrich Assländer: Spirituell führen mit Benedikt und der Bibel, Vier-Türme-Verlag, Münsterschwarzach 2006
Anselm Grün/Basilius Doppelfeld/Fidelis Ruppert u. a.: Aufrichtig den eigenen Weg gehen. Ein Mutmacher aus dem Kloster, Vier-Türme-Verlag, Münsterschwarzach 2005
Anselm Grün/Anton Lichtenauer: Mit Anselm Grün zur inneren Balance finden, Herder, Freiburg 2006

Verwendete Literatur

Die Benediktusregel, Beuroner Kunstverlag, Beuron 1996
Die Bibel, Stuttgart 1979
Evagrius Ponticus/Pontikos: Briefe aus der Wüste, Paulinus, Trier 1986 (vergriffen)
Lebensbeschreibung der Väter, Vitae Patrum (vergriffen)
Nouwen, Henri: Die Kraft seiner Gegenwart. Leben aus der Eucharistie, Herder, Freiburg 1996
Patrologia Latina, Band 197, zitiert in: Heinrich Schipperges: Die Benediktiner in der Medizin des frühen Mittelalters, St. Benno, Leipzig 1965
Ratzinger, Joseph (Benedikt XVI.): Credo für heute. Von Glaube, Hoffnung, Liebe, Herder, Freibug 2006
Weisung der Väter, Apophthegmata Patrum, Paulinus, Trier 1986

Register

Autorenviten

Pater Dr. Anselm Grün OSB trat nach dem Abitur 1964 in die Abtei Münsterschwarzach ein. Nach dem Studium der Theologie – mit Promotion über die Erlösungslehre von Karl Rahner – und der Betriebswirtschaft ist er seit 1977 Cellerar. Daneben gibt er regelmäßig Kurse zu spirituellen Themen in den drei Bildungshäusern der Abtei und hält viele Vorträge.

Er versucht, die spirituelle Tradition der Mönche mit der heutigen Psychologie zu verbinden. Seit 1978 hat er viele Bücher zu spirituellen Themen, zur Lebenshilfe aus dem Glauben und zu Führungsthemen geschrieben, die in 31 Sprachen übersetzt wurden.

Dr. Petra Altmann studierte Kommunikationswissenschaften, Kunstgeschichte und Soziologie. Sie war viele Jahre in Führungspositionen in Buchverlagen tätig und arbeitet heute als freie Journalistin und Buchautorin.

Sie beschäftigt sich schwerpunktmäßig seit langem mit Ordensgeschichte und klösterlichen Traditionen. Dazu liegen von ihr bereits zahlreiche Buchveröffentlichungen vor.

Regelmäßig verbringt sie selbst Tage im Kloster und schöpft aus dem reichen Erfahrungsschatz der Nonnen und Mönche.

Erol Gurian ist freier Fotograf und Dozent an der Deutschen Journalistenschule, München. Für seine zahlreichen Magazinreportagen bereiste er fast alle Länder der Welt.

Er ist Preisträger des Karl-Buchrucker-Preises für engagierten Fotojournalismus. Mit »klarheit, ordnung, stille« ist er erstmals an einem Buchprojekt beteiligt.